神社と龍神様で大開運!

祈りと浄化の作法

Ohno Yuriko
大野百合子

徳間書店

プロローグ　開運！　運の扉を開いてください

この本は開運の本です。

文字どおり運を開くための情報がぎっしり詰まっています。

でも、まず運ってなんでしょう。

あなたは運をどのようにとらえていらっしゃいますか。

生まれつき、運がいい人、悪い人がいるのでしょうか。成功するために、幸運を引き寄せるために、願いを叶《かな》えるために、私たちはいろんなことを試します。

開運グッズを手に入れたり、ご利益《りやく》を求めて評判の神社にお参りしたり、この音楽を聴くだけで願いが叶う！　という文言に惹《ひ》かれて、YouTubeを視聴したり。

そして、その結果はいかがでしたか。

運とは、ただ開運グッズを手にして、じっと待っていれば開くものではありません。

実は幸運という扉《とびら》を開くには、まず「自分とは何か」を知り、理解することが最重要です！

自分がどういう存在なのかを理解できたら、人生の出来事や流れが起きる仕組みもわかってきます。

私たちのいるこの世界は、「意識」と「エネルギー」という二つの要素からできているということも。すべてを起こしているのは、「気」と呼ばれる生命エネルギーとその振動がつくりだす周波数です。


運の扉は自分が開くものです。

でも、自分一人の力だけで人生をなんとかしていけるわけではありません。

私たちは最強の応援団たちに囲まれています。

草花が咲くのも、精霊たちの応援とお手伝いがあるからです。

私たちが「こうありたい」というヴィジョンを叶えられるのも、目に見える世界のさまざまなご縁と、**見えない世界のすばらしい存在たちの応援団ネットワーク**があるからです。

自分の人生を私たちは、神々や龍、天使や祖先、守護する存在たちと共同創造しています。「わ・た・し」という多次元的な存在を理解し、三次元の隣の次元のことをもっと深く感じられたら、あとは開運を邪魔するエネルギーを祓《はら》って祓って祓ひまくればいいのです。

「祓ひ」は「張霊《はるひ》」。祓ひとは、人生をクリエイトする生命エネルギーがぶわっ〜と豊かにふくらんで張ることとイコールです。

祓ひ＝開運なのです。

祓うことで、シンクロニシティが起こりはじめ、思うことが（意外なかたちでが多いのですが）叶ってくるので、ますます確信が生まれます

しかも、今、統合の時代が最大限に後押ししてくれています。

稲村ジェーンをご存じですか。20年に一度、鎌倉稲村ヶ崎にやってくるサーファーたちにとっての伝説の大波です。

現在、宇宙の中心から1万3000年ぶりに、目覚めの大波が地球と私たちの意識に押し寄せてきています。

開運の扉は一つだけではありません。
あなたの意識の境界線に数えきれないほどの扉がならんでいます。

さあ、この宇宙の大波に乗って、軽やかに扉を開きましょう！
もともと鍵などかかっていないのです。
ほら、カチャッという音が聞こえたでしょう？

もくじ

第3章

自分に合った神社に行こう！

第6章 だから祓って開運しよう！

第7章　言霊の祓ひ！　言霊と祝詞

第8章

自分でつながってみよう 神様に

第9章

龍神様や龍のエネルギーとつながる方法

終章

神ながらで生きる！ 世界と自分を信じたもん勝ち

ブックデザイン　鳴田小夜子（KOGUMA OFFICE）
カバー画／本文イラスト　浅田恵理子
編集　豊島裕三子

第1章

あなたがなぜ、日本を選んで生まれてきたのか

この人生の目的はなんでしょう

みなさんは、実はこの世に生まれた時から宝くじの一等賞にあたっているのと同じです！

「えっ」とびっくりされるかもしれません。今、この時代に、この本を手にとって読んでくださっているということがその証拠です。

私のところに個人セッションに来てくださる方のほとんどが、「今生きているこの人生の目的を知りたい」とおっしゃいます。なんのために生きているのか。

結論から言うと、答えはとってもシンプルな一言。

この人生の目的は「目覚めること」なのです。本来の自分自身に。

覚醒《かくせい》や悟《さと》りというと、インドやチベット、あるいは禅寺でひたすら修行をした上で到達する最高の境地だと思われるかもしれません。

でも実は、今、地球人全員、**「団体覚醒」のサイクルに深く入りつつあるのです。**

つまり、普通に毎日会社に行ったり、友達とワイワイ遊んだりしていて、「悟り」なんてこれっぽっちも考えたこともない人たちや、激しい内乱や戦争の中で翻弄《ほんろう》されている人たちも、全員が例外なく、「目覚め」への道をまっしぐらに進んでいます。

言い換えれば、今世の地球人の目的は、「真の自分自身に目覚めること」以上！　ということになります。

これまでとは全く違う新しい時代が、2012年の冬至を境に、スタートしました。

この宇宙の中心から、太陽系、地球に降り注がれるエネルギーは、1万3000年ごとに変化します。宇宙図書館、地球と人類の巨大クラウドと呼ばれるアカシックレコードによれば、2億6000万年前から、この1万3000年ごとのサイクルの変化がずっと続いているのです。

そして、この人類の意識に影響を与えるエネルギーによって、宇宙の呼吸に合わせて、地球の私たちは「一元」と「二元」（17ページ参照）の世界の間を行ったり来たりしてきたというわけです。

一元意識と二元意識の切り替わりはいきなりパチンと変わるのではなく、1000年間の移行期間があります。そして今回のサイクルは、二元の世界から一元の世界へ切り替わる中間ポイントが2001年から2012年の冬至までだったのです。

1000年って長いですよね。完全にまるごと一元の世界が始まるのは、まだこれから500年もかかります。

一元または統合の世界への移行期間の1000年間の始まりは、500年前の西暦1500年ごろになります。

そのころ、世界では何が起きていたでしょう。日本では応仁の乱、織田信長が活躍していた時代ですし、ザビエルがキリスト教を伝えたのはこの頃。

ヨーロッパでは、さらに切り替わりが顕著で、コペルニクスが地動説を唱え、カトリックの伝統が崩れ宗教改革が起きます。コロンブスが新大陸を発見したり、ルネッサンスが始まったのもこのタイミングです。

目に見えないけれど、この変容のエネルギーが人類の意識に確実に影響を与えてきたのがはっきりとわかります。

「一元」と「二元」の世界の間を行ったり来たり

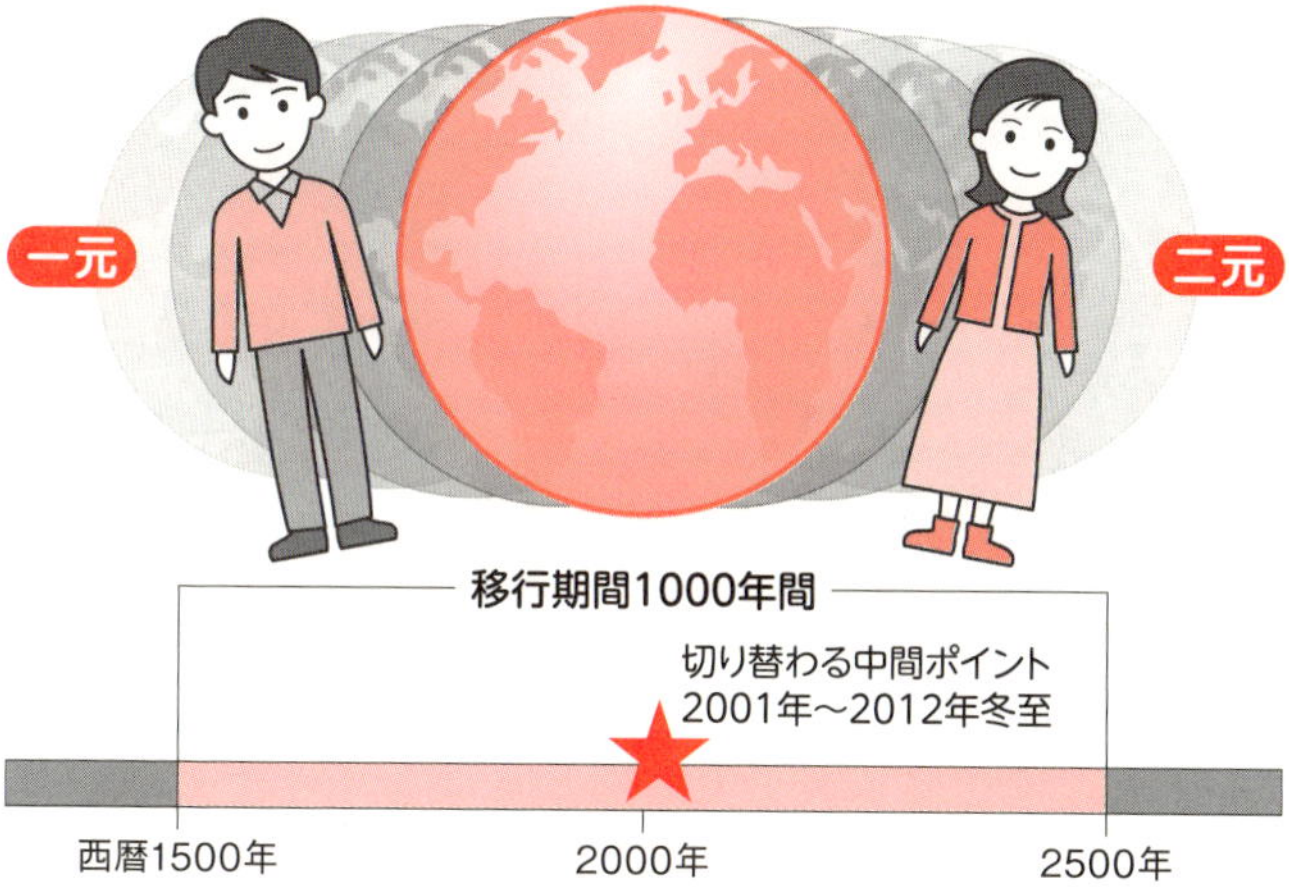

それでは「一元の世界、二元の世界って何？」ということなのですが、**一元は分離のない世界。**全員が一緒に一つの国に住んでいて、お互いがすべてつながりあっているようなイメージです。人間同士だけではなく、植物や動物たちとも。

二元世界の代表的なキーワードは、正誤、善悪、勝ち負け、男女、表裏など。両極があって、それぞれが電池のプラスとマイナスのように相反するエネルギーです。

陰陽の二元ですね。

私とあなたは、別々な存在で、自分と他者を比べながら、助けあいと対立が両方とも存在している世界です。二元の世界には、

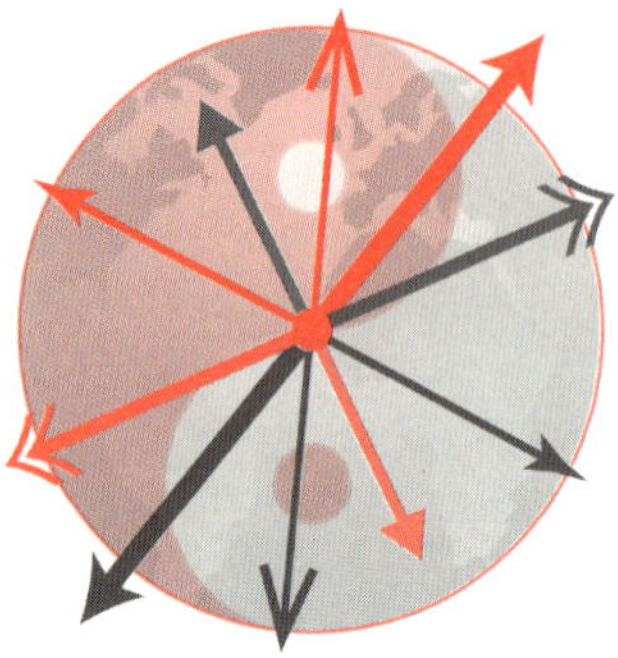
二元
正誤、勝ち負け、表裏など
競争・比較と助けあいが
両方とも存在している

一元
分離のない世界
すべてが繋がり合っている

競争と比較があります。

競争や比較があるからこそ、他者からどう思われるかが一番大切な指標になっています。

一元の世界は、他者とつながりあいながらも、神様の分御魂《わけみたま》としての自己の本質を理解し、その自分自身をまっすぐに表現して生きること。二元の世界では、人と比べ、承認をうけることで自己価値を見出す生き方。

わかりやすく言えば、**二元から一元へのシフトは、他人軸から自分軸へのシフト**を果たすことと言えるでしょう。

私たち人間も、もともと心と体の二元性をもっています。

宇宙由来の魂意識〈魂《こん》〉と地球生まれの肉

体意識〈魄《ぱく》〉の二元です。頭と気持ち、心と体という両極が、葛藤《かっとう》なく一つのエネルギーに統合されていく時代が今というわけです。

私たちは、二元性が消えて一元になっていく過程の真っ最中に生きていることになります。

最近、縄文が注目を浴びてきました。長い謎にみちた縄文時代には、いっさい武器が発見されていないといいます。1万3000年前まで、縄文の時代は一元の世界を生きていたからです。一元の世界は対立も戦争もないのです。

このビッグイベントを、肉体をもって体験しようとして生まれてきたのが、今この本を読んでくださっている皆様というわけです。

全宇宙からも注目されているこの超レアなイベントは、いよいよ佳境にはいっていきます。このイベントを三次元で体験したいと思っている魂の数は無限だと言われます。

そんな中で、今ここに生きている私たちは、先ほど申し上げたように、宝くじにあたった？　あるいは、猛烈にダッシュして、椅子取りゲームに勝った？　ぐらいのすごいことだったということが少しは伝わったでしょうか。

私たちは神様の分御魂です

私たちは永遠不滅の魂をもっています。のちほどもう少し詳しくお伝えしますけれど、この魂は、「創造主」、古事記の冒頭に書かれている、「天地初めて發けし時、高天原に成れる神の名は、天御中主神」の分御魂《わけみたま》です。

分御魂という言葉は、古神道の基本の考え方で、私たちの中には、天御中主神《あめのみなかぬしのかみ》とまったく同じ炎、つまりエネルギーが存在するという意味です。

蠟燭《ろうそく》の炎を想像してみてください。

大元の炎である天御中主の炎は、伊邪那岐命《いざなぎのみこと》や伊邪那美命《いざなみのみこと》が受け取り、天照大神《あまてらすおおみかみ》が受け取り、その同じ炎が、現在の私たち一人ひとりの内側に燃えているのです。

炎は、他の蠟燭にうつしても、そのエネルギーと質は全く同じでしょう。

日本神話をもとにしてお話ししましたけれど、地球全ての存在は生命あるものも、ないものも、すべて同じ一つの炎を分かち合っていると思ってください。

そのような創造主のＩＰＳ細胞とも言える私たち魂は、時間のない世界に在《あ》ります。過去と未来のない、「永遠の今」にいるのです。

魂は地球がどんなところかを体験しにきたので、まずは、何回生まれ変わるのか、いつ、肉体に宿るのかを全て自ら決めています。私たちの魂は、この時代に、この日本で生きることをあらかじめ決定してきたというわけです。

ご自身の選択を誉《ほ》めてあげましょう！

今、いろいろな未来が取り沙汰されていますし、私たちの肉体意識の一番の恐れは、死ぬことです。大きな地震が来るのではないか、太陽フレアが爆発するのではないか……、いろいろ心配は尽きないご時世ですけれど、どうぞ一回開き直ってください。

あなたの魂は、いつ肉体を去るのかを知っているし、決めています。

だから無駄に不安がったり心配したりする必要はありません。

では、その無意識の決断がどうやってわかるのでしょうか。

その方法は、まさにこの本のテーマである「開運」のための方法と全く同じなのです！

あなたがなぜ、日本を選んで生まれてきたのか？

日本語を読んでいる、つまりこの本を手にとっていただいている皆様は、生まれる場所、あるいは住む場所に日本を選んだということです。

日本の果たす一元のシフトへの役割は実はとても大きいということが、さらに明らかになってきました。

日本の一番の特徴は、八百万《やおよろず》の神々が住まう国です。

一つの民族や地域の複数の人々が生みだす意識を「集合意識」と言います。

日本人の集合意識について、世界が注目しはじめたのは、3・11のあたりからでしょうか。アメリカのハリケーンの後のように、奪いあいや暴動が起きることなく、みんな静かにならんで、食糧などの配給を受けている姿は世界の人たちの心を打ちました。

実は原始の地上には、**12種類のオリジナルの人間タイプの肉体が存在したそうです。**そこから徐々に進化をとげて現在の人間形態や肌の色が違う人種が生まれていったのですが、一番もとになったオリジナルの肉体は、アフリカのオルドバイ渓谷ではなく、今の日本の人種だったと、宇宙のデータバンクであるアカシックレコードに書かれています。

アカシックレコードリーディングの第一人者であるゲリー・ボーネル氏は、私たちの体は、地球に宿っているガイアと呼ばれる天界の存在から生まれたとアカシックを読み解いています。そして、ガイアという意識体は一度だけ、自らの創造物である人間の体に宿ったことがあると言います。

その人間存在の名前は「アマテラス」でした。

アマ――天、テラ――地球です。

基本的に単一民族である日本人には、物理的肉体にこの**天照DNAがある**ということですし、日本に転生したことのある魂には、天照DNAの記憶データがはっきりと残っています。

アマテラスが日本人として転生した理由は、一番原始に近いボディは、木々や動物たちなど、他の生命体、大自然との一体化を深いレベルで知っているからです。

だからこそ、日本人の集合意識は、森羅万象《しんらばんしょう》にすべて八百万の神々を感じ、お天道《てんとう》様が見ている感覚や、おかげさまの気持ちと深くつながっているのです。

日本の神々は、「和——ハーモニー」を司る存在です。そして、この和の意識がこれから一元の意識への移行をサポートしていくことになるのは明らかです。

あなたがなぜ、日本を選んで生まれてきたか、なぜ日本に住んでいるのか……人生の意味が明確になってきたのではないでしょうか。

第2章

神々や神社、龍神様のエネルギーが大変化しています

神々や神社のエネルギーも大変化しています！

今私たちがピンポイントで選んで生まれてきた変容の時代は、神社にお参りした時にも実感します。

神々やご神域のエネルギーが、神様カード製作のために各神社を回っていた時と比べると、より拡大している……！　というより、奥から表のほうにググっと出てこられていると感じるのです。たとえていうなら、扉がすべて開いて神性エネルギーが活性化し、壮大な神様ネットワークが創られていく感じ。

神様カードの監修をお願いした三橋《みつはし》健《たけし》先生も「日本の神々は外に出たがっておられる」とおっしゃいました。

２００１年から２０１２年までの移行の中心期間のさらにそのど真ん中の年の出来事です。この時期を境に、神々の一元である「和のエネルギーの扉」が大きく開いたのではないでしょうか。

龍と龍神エネルギー

神々のパワーアップとともに、もちろん龍のエネルギーも大変化しています。

龍とはどういう存在なのか？

これに関しては、さまざまな定義づけをすることができますが、私の基本概念は、まず**龍とは動くすべてのエネルギーの総称です。**

中国起源の十二支の辰は、「ふるえる、ととのう」という振動を意味しています。バイブレーションの象徴ですね。

日本で龍脈と言われるのは、地球の大地に流れるエネルギーネットワークのことで、西洋ではレイラインと呼ばれています。

意識をもつエネルギー体としての存在ももちろん存在し、神々や天使たちと同様、宇宙由来のエネルギー体や地球由来の存在など実にさまざまです。龍たちの世界は、この三次元のお隣にあり、こちらとあちらを自由に行き来しています。

一度だけ、私は龍の次元を垣間《かいま》みたことがありますが、そこにはさまざまな龍たちが

いて、その時目の前にいた龍は、全身が80センチぐらいの小型だったので、予想がはずれてびっくりしました。

日本神界では、大自然の力を象徴する存在が龍であり、中でも流れる水が龍そのものととらえられてきました。

水を司《つかさど》り、豊作や繁栄、開運をもたらす、絶大な守護のパワーを持つ存在として、多くの神社にお祀《まつ》りされています。

また、水だけでなく、風雨、つまり風を司る役割も担っているとされることも多いのです。

もともとエネルギー的な存在なので、それぞれが習合したり、他のエネルギーと合体しながら、壮大で個性ある神秘性と力を発揮されています。

日本は水の国。どこに行っても龍神のエネルギーとつながれます。

代表的な龍神は、京都の九頭龍《くずりゅう》大社や貴船《きふね》神社、滋賀の竹生島《ちくぶしま》の弁天様の都久夫須麻《つくぶすま》神社、奈良東吉野の龍穴神社や龍鎮神社、戸隠や箱根の九頭龍神社、岩手の龍泉洞など

大瀬神社の神池

奈良県東吉野の龍鎮神社

で出会うことができます。
また、不思議な地形の静岡県の大瀬崎の大瀬神社の神池も龍穴として有名です。
江ノ島も龍の島。江ノ島の龍神のパワーも、各地の龍神様たちも、振動がこちらにま

竹生島の弁天様、都久夫須麻神社。
海から見た龍拝殿

江ノ島奥津宮。ご開帳で鏡が見えます

で伝わってくるほど、すごいです。

水の神、弁天様と一緒にお祀りされていることも多いですね。

私がまだ参拝したことのない、対馬の和多都美神社、岡山の備前龍穴、新潟の竜ヶ窪など、ぜひ訪れてみたいと思っています。

ちまたに知られていなくても、沖縄本島の北端辺戸《へど》岬にあるカルスト大地の大石林山《だいせきりんざん》の中にあった鍋池には、パワフルな龍神がいらっしゃいました。

日本の神託カードの取材で訪れたのですが、すぐそばの辺戸岳には、琉球の創成神アマミキヨが最初につくられた御嶽《うたき》がある伝説の大地です。富士山には、若い龍がおられます。

龍神様たちも動き始めている！

今こそ陰陽統合の時代、龍神様たちも動き始めていると感じられた興味深いエピソードを一つお話しします。

令和6年辰年に、私は諏訪《すわ》と戸隠《とがくし》を訪れました。戸隠神社は岩戸開きの立役者である神々がお祀りされています。岩戸をほうりなげたと言われる手力男命《たぢからおのみこと》やアイディアを出した思金神《おもいかねのかみ》、天照様が岩戸を開けるきっかけを作った天宇受売命《あめのうずめのみこと》などがお祀りされていて、奥社には九頭龍弁財天が祀られています。

九頭竜弁財天は、弁天様の眷属《けんぞく》としての龍ではなく、弁天様と龍神が習合合体した存在だと私はとらえています。

宮澤家戸隠神社によると、日本書紀に691年4月から6月にかけて、季節外れの大雨が続き、広瀬大忌神《おおいみのかみ》（水神）と竜田風神（風神）をお祀りしてもおさまらず、ついに時の持統天皇は、諏訪と戸隠の龍神を特別に祀り祈願したところ、見事に雨が鎮まったと書かれているそうです。

戸隠神社の前にたまたま、諏訪大社にお参りしたさい、諏訪大社上社《かみしゃ》本宮の神楽殿が修理中で、龍神太鼓を拝観することができませんでした。そして、太鼓が運ばれた先がなんと戸隠だったとのこと。持統天皇の時代に協力した白龍と黒龍の二大龍神が、人類の意識の岩戸開きのために再び一つになる……陰陽の龍神のパワーが統合する象徴的な出来事だととらえられています。

しかも、古事記の冒頭の「天地はじめて發けし時、高天原に成れる神の名は、天御中主神」で始まる言葉の「成る」は「鳴る」であり、始めに音――振動から天地が始まっ

戸隠の龍の流れるエネルギー

諏訪大社龍神大太鼓

たことが示されています。

神社で正式参拝する時、最初に太鼓が鳴り響きますが、これが天地開闢《かいびゃく》と神々が降りてこられることを表しています。運ばれたのが、龍神太鼓ということも、とても興味深い出来事でした。

そしてこの岩戸開きの時代、廃仏毀釈《はいぶつきしゃく》で、土に埋められるなどして隠されてきた秘仏たちが再び陽の当たる場所に戻ってこられています。

その秘仏の一つである戸隠の宿坊に祀られている九頭龍弁財天は、小さめの仏像でしたが、すばらしいパワーを秘めていました。

龍がついている？

よく誰々には龍がついているから運がいいなどと言いますが、そんなことはあるのでしょうか。

私は皆、自身に龍のエネルギーはすでに存在しているし、誰しもご縁のある龍がいると思っています。ただ、その龍エネルギーを本人が意識できているかどうか、また協力を仰ぐ方法を知らないことが問題なのです。

東日本大震災の時に、ブータンの国王夫妻が来日して、福島の子供たちを勇気づけてくれました。

ワンチュク国王は、震災で気持ちがシュンとしている小学生たちを前に、

「君たちの中には、一人ひとり、龍が住んでいるんだよ。だから大丈夫。経験をつめばつむほど、その龍は大きく育っていくんだ」

と話してくれました。この言葉に、子供たちの表情がぱっと輝いたことを覚えています。なんせ、ゲームなどに出てくるドラゴンはみんな大好きですから。

一人ひとりの中に生きている龍とは、背骨の一番下、仙骨のあたりにある「氣」の海のなかにすむ神聖なエネルギーです。

統合の時代到来とともに、地球の龍パワー、龍神のエネルギーもどんどん拡大してきています。今まで眠っていた龍たちも起き始めています。

この龍が、天の御柱と呼ばれる背骨にそった龍道を上がり、第三の目と頭頂から天に昇った時に、私たちは、目覚めます。

私も40代の時、巨大な天井にもとどくような大きな白龍が、寝室におりてきたことがありました。

そのコンタクトはとてもリアルで、「将来あなたと一緒に仕事をすることがありますか?」という私の問いに、白龍ははっきりと「イエス」と答えてくれました。

いつ、一緒に仕事をするのかなあとそれ以来、何度も考えました。そしてこれから、白龍が強力なパワーでサポートしてくれる時が来たのかなあと思った時、ふと白龍さんからの強烈なメッセージがきたのです。

「ずっと、あなたと共にいた」と。

これは大ショックな出来事でした。

自分の「将来」という言葉にとらわれて、白龍がずっとそばにいてくれたことに気がつくことができませんでした。

「気づくこと」「意識化すること」、なんとなくではなく「明確に意図すること」が全員に求められています。

さあ、そろそろみなさんも龍神エネルギーとつながってみたくなってきませんか。

龍の動くエネルギーは、意図を実際に形にする、深い想いを叶える生《なま》のエネルギーです。内なる龍はもちろんのこと、外の龍も召喚し、つながることが可能です。

龍神とつながる方法は、あとの章でお話しする神々とつながる方法と同じです。

一人ひとりが龍神とつながってみましょう。

心からの望みの現実化を助けてくれること間違いなしです。

ただ、龍神のエネルギーは、諸刃の剣。エネルギーそのものは、ポジティブもネガティブも関係ありません。

潜在意識を含め、ご自身を十分に祓ってから龍使いになっていただければと思います。自分自身でも気づいていない、ネガティブな思い込みを現実化しないように。

チャクラのシステムも大変化中！

もう一つ、新しい統合の時代の到来とともに、私たちの中のエネルギーシステムである**チャクラのシステムも大きな変化を起こしています。**

チャクラとは、エネルギーが出入りするポイントで、中国でいうツボの概念に重なります。人の全身には魂意識の細胞である14万4000個のチャクラがありますが、そのうちの背骨にそって、メインとなる7つのチャクラ、エネルギーセンターが存在しています。

私たちは魂と肉体と陰陽のエネルギーが一つのボディに入った存在であり、魂のほうを司っているのが、上位3つのチャクラ、肉体を司るのが下位3つのチャクラ、その双方を仲介するのが、真ん中のハートのチャクラでした。

しかしながら、二元から一元への移行ポイントを超えたので、体のエネルギーのほうも一元化へ向けての変化が起き始めています！

これは、あまり知られていないことだと思いますが、つなぎのチャクラ、陰陽のエネルギーが混じり合う統合ポイントが、いよいよハートから喉のチャクラへと移動しつつあります。

魂と体のエネルギーが同じ周波数で振動し始めるプロセスが、私たち一人ひとりの中で、すでにスタートしているのです。

このことは、これからの人生をより楽しむために知っておかなくてはいけない超重要ポイントなのです。

なぜでしょうか？

喉のチャクラは、言葉を発する場所です。陰陽——意識とエネルギーが統合した場所から放たれる音は、指令となって宇宙に響きます。

つまり、**これから声にのせた言葉はすごい力を発揮するということなんです！**

意図をのせた意乗り、祝詞《のりと》、マントラはもちろん強力なツールとなりますし、日常の会話も何を口にするか、意識する必要があります。

日常生活の中で、一生懸命選んだ贈り物を、「つまらないものですが」と言ってみたり、謙虚さを表現しようとして、「私など、とるに足りない存在ですから」などと口に出したりしたら大変です。

とるに足りない自分が、じわ〜っと現実化することに！

これからは、心にも思っていないことを軽々しく口にしないことが大切です。

口にした言葉と心の想いが一致していないと、体を流れるエネルギーは混乱するのです。

アファメーション（宣言）もこれを理解していないと、効果が半減します。

心の中で、不幸せ感が満載でも口では「私は幸せ。私は幸せ」と唱え続けることは、かえってエネルギー混乱を招くので、不幸であるなら、しっかりとその感情の起源に向き合うことが大切です。

ともかく、**開運の扉を開く鍵の一つが、言霊パワーを使いこなすこと！**

しかも私たちが使っている言葉は日本語です。日本語の秘密についてはまたあとでお話ししましょう。

第3章

自分に合った神社に行こう！

それでは、最強の応援団の神様たちとつながるために、あなたにピッタリの神社、神様を見つけましょう！

実は、ご自身が気づいていないけれど、すでに深いご縁が結ばれている神様がいらっしゃるかもしれません。

やはりあなたが大好きな神社とか、惹かれる神様は、疑いなく別の転生や家系とご縁があり、ラジオで周波数がピタっと合うように、波動が近いことは間違いありません。人もそうですけれど、神様のエネルギーも、出会うことになっている存在には必ず出会いますから、あせる必要はありません。

それでは、知っておかなくてはいけない神様をまずは知りましょう。

あなたの守護神である産土《うぶすな》神様について

まず、自分に合った神様で、絶対にはずせないのが産土神様です。

神道の世界で大切な存在である産土神様は、あなたが生まれた土地を守ってくださる神様で、生まれた時からこの肉体を去る時まで、守り応援してくださる自分の係の神様です。

産土様は、土地を守る神様ですが、あなたが引越しをしても、神様が交代することはありません。**時には見守り、困難に遭った時には積極的に手を差し伸べてくださるすばらしい守護神です。**

なにしろ自分係の神様ですから、産土信仰では毎年や人生の節目にご挨拶《あいさつ》するなど、ぜひぜひつながってください。

産土神様はどこにお祀りされているかですが、自分が生まれた時に、両親が住んでいる土地の神様となります。

私は小学校の時に東京の国立市《くにたち》から神戸市に引っ越しましたが、産土神様は、国立の谷保天満宮になります。

出産のためにお母さんが実家のそばであなたを産んだ場合でも、産土様は、お母さんが出産時に住んでいる所の神社にお祀りされている神様になります。

近くの神社が大体はそうなのですが、少し遠い神社の場合もあります。

自分の産土神をしらべる方法は、生まれた土地の神社庁に問い合わせると教えてくれます。

氏神様にお参りする

氏神《うじがみ》様は、かつてその名前のとおり、一族、ある家系を守護する神様でした。交通網もない、ほとんどが、生まれた土地で亡くなっていくのが普通だった時代は、一族が住むその土地を守ってくださる神様が氏神様でした。

ところが近代になって、家族がみんなばらばらに別の土地に住むようになってから、氏神様のとらえ方が変わってきたのです。

鎮守様は本来その土地を守るそこに宿る神様ですが、今は、現在自分が住んでいる土地をお守りしてくださる神様も氏神様と呼ばれるようになりました。

氏神様と鎮守様が習合した形です。

産土様は、個人についてくださり、氏神様は、その土地を守ってくださるという意味で違いがあります。

氏神様にはご挨拶してくださいね。

住まわせていただいてることへの感謝を伝えます。

ビジネスをしていらっしゃる方は、会社のある場所の氏神さまにお参りするのは必須です。豊かさと社会貢献を具現化するお手伝いをしてくださいます。

ご縁のある神様を見つける方法

引っ越しが多かった方は、これまでの住んでいた場所で近かった神社や子供のころに遊んでいた神社などを調べてみると、面白い事実が見つかることがあります。

私は、やたらと弁天様にご縁があります。30年前に水の神様でもあるサラスヴァティのエネルギーに最初に出会いました。それ以来、弁天様のエネルギーとはいつもつながっている感覚があります。

弁天様は日本では市杵島姫命《いちきしまひめのみこと》とされ、近くの江ノ島神社の御祭神です。

そして、メッセンジャーのようにずっとつながらせていただいているのが、鎌倉の銭《ぜに》

美保神社

洗《あらい》弁天様です。

さらに２０２４年には、九頭龍弁財天とも深いご縁をいただきました。

すべて自然の流れでここまできました。

また、もう一柱、気がつくとそばに恵比寿様がいらっしゃいました。諸説ありますが、恵比寿様は事代主神《ことしろぬしのかみ》と同一の存在とされ、大国主神《おおくにぬしのかみ》のお子さんです。

私はなんと、西宮恵比寿神社の隣に7年間住み、毎晩神社の杜のふくろうの声を聞いて育ちました。そして、その後神奈川県に移ったのですが、そこから半世紀近く、我が家の鎮守様は事代主様です。

えびす信仰の総本社の美保神社は島根県に

あるのですが、私が神様カードの取材で訪れた時、言葉では表せないぐらいの大きな感動と衝撃を受けました。「大好き！」という言葉では足りないぐらいの、不思議な感覚です。

ご縁の深い神様だなということを体感するというのはこんな感じです。

ちなみに美保神社は、本殿の裏と山との間が一番エネルギーを感じる場所です。

大好きな神様は自分に合っています

子供のころから、いつもご縁がある神様がいらっしゃらない場合は、自分が大好きな神様、あるいは、お参りしてそれこそ衝撃を受けるぐらい心が動いた神様は、あなたに合っています。

それと、**お参りすると心がほっとする神社も波動が合っている証拠です。**

私たちの「腹感覚」、つまり下丹田で受け取る情報は本当に正確です。

この神様は有名だからとか、霊能者の方がパワースポットだと紹介していたからといった理由で私の神様を決めるのはやめましょう。

ともかく、理由はわからないけど、**好き、癒される、気持ちが大きく拡大する。**

ここがポイントです。

なんとなくたまたま訪れた神社が、とっても気に入ったということもあります。

それは、お祀りされている神様のほうが、あなたを呼んでくださったのです。

偶然はありません。

身体の意識は結局二つの反応を選びます。

拡大するか、収縮するか。

この二つの感覚を自分でしっかりと感じられるなら、頭ではなく、身体全体で自分が望んでいるかどうか、自分に合っているかどうかを知るすばらしい判断基準になるのです。

気になる神様の御神名を唱えてください。

その神様がお祀りされている神社に足を運んでください。

そして、神様や神社のエネルギーをお腹やハートで感じてみるのです。ふわ〜っと広がりますか、それほどでもないか、逆にきゅっと縮こまる感じがするでしょうか。

ふわ〜っと膨らむなら、その波動はあなたに合っていて、意識拡大をヘルプしてくれる証拠です。

次章でおすすめの神社は、気の流れが半端なくパワフルな神社です。そして、私が大好きな神社でもあります。

でも、それぞれに合った神社は、一人ひとり違います。

ご自分の身体のセンサーを信頼しましょう。

神社にはそれぞれ得意なご利益があります

神社にはそれぞれ、これが得意といったご利益があります。

ご利益には縁結び、商売繁盛、金運ひきよせ、学業達成などや、もっと細かくなると、ゴルフ上達の神様、猫をさがしてくれる神様などさまざまです。

たとえば、私がご縁を感じる鎌倉の銭洗弁天様。

銭洗弁天様

ここは金運を開くパワーがすごいと評判の神社です。境内のエネルギーと洞窟に流れる神秘的な水が好きで、20年近く通っています。

ザルにいれたお札やコインを、奥宮の洞窟の中を流れる水の中で洗うと、たくさんのお友達をつれて戻ってきてくれると言われています。

確かに、弁天様のパワーはすばらしくて、私の友人たちも、無くしたお財布が、手付かずに戻ってきたとか、お参りした直後に仕事依頼の電話が入ってきた。宝くじに当たったなどたくさんの報告をもらっています。

お祀りされている神様のパワーと、そこを訪れた人たちの信じる力で、さまざまな事象が起きているのです。

神様は私たちの内なる神様と協働してくださるので、「パワフルな神社にお参りしたから、もう大丈夫、何がおきるかなあ」とワクワクしていると、お祀りされている神様が動いて思いがけないところから豊かさが入ってきます。

ここの神様はパワフルだから、絶対願いを叶えてくれそうという参拝する側の信念のエネルギー、つまり受け取る準備ができている人たちのエネルギーと、神々のエネルギーが共鳴し流れはじめます。

ご縁むすびで有名なのは出雲《いずも》大社です。恋愛、結婚のパートナー、チームメイトやビジネスパートナーなど、ご縁を結んでくださる神様。出雲大社はもちろん、すべてをカバーされていますが、ある年、こんな体験をしました。

コロナの前に、出雲大社の神在祭に参加させてもらったことがあります。ご縁で、普段は参加できない内陣での特別な参拝に参加させていただきました。

儀式がすすみ、神主さんが祝詞《のりと》を唱えはじめたら、私の心の目で見えたのでしょうか、空の高みから、金色の細い糸が無数にひらひらと降りてきたのです。

それを見ながら、ああ、この金の糸が、人と人やエネルギーとエネルギーを結ぶんだなと思いました。確かな、ご縁むすびの糸の存在を見て、私たちが真摯《しんし》にしかもクリアなヴィジョンを持っているなら、絶大なサポートがくると確信したのです。

受け取る準備はできていますか？

自分の望みをサポートしてほしいと思って神社にお参りする時は、まず、**受け取る準備が自分にできていることを確認してください。**

パートナーが欲しいと思っても、どこかで親密な関係性を恐れている部分があるかもしれません。そうなら、パートナーに会わせてくださいと願うより、「私の恐れを手放すお手伝いをしてください」と祈るほうがより人生にのぞむ変化を起こせます。

また、自分が何を欲しいかわからないまま、漠然と「神だのみ」をしても現実化は難しいことを理解しましょう。なんとなく幸せになりたいではなく、「このようなことに携《たずさ》わっている自分になれますように」と応援を頼むのです。

神様にはお願いをしてはいけない、感謝するだけにしなさいという方もいらっしゃいます。何かを願うことはエゴだからと。

神様には、感謝と喜びのエネルギーでお参りすることというのは基本です。でも、私たちは一人だけで自分の意図を叶えられるわけではありません。

現実的に協力者も必要ですし、さまざまなご縁の集大成が一つのヴィジョンを完成させていきます。だから、私は目に見えない存在たちにどんどん応援をお願いしてもかまわないと思っています。

神様はお体がないので、ご自身の体験したいこと、やりたいことを私たち人間がお手伝いしていることも多々あるのです。

私たちがやりたいことを、一緒に体験したい神様たちもいらっしゃいます。私自身が神様カードを作る時に体験したように、神様たちがやりたいことを、インスピレーションとして、私たちに伝えていることもあります。

人のためだけではなく自分自身のために、どうぞ神様にあなたの意を乗せて伝えてください。

第4章

超開運
ザ・パワースポット
神社72選！

主な神社はレイライン上にあります

大好きな神社にお参りにいくと、その清浄なエネルギーに祓われて、すっきりします。また、不思議と元気をもらえたり、安心したりします。

聖地には、絶大な祓ひのエネルギーが溢れ、流れています。

もちろん、三次元を超えた御祭神のエネルギーや波動の効果ですが、それに加えて、神々がお祀りされている大地そのものの波動も大きな理由です。

この世界はすべて、エネルギーです。

ガイアという天界の存在が宿っている物理的な地球は、女神の体にあたります。私たちの体がそうであるように、そこには気の流れる経絡にあたる、**レイラインと呼ばれる生命の源である純粋なエネルギーの道がネットワーク状に巡っています。**

日本では前述のとおり、龍脈と呼ばれています。

地球の外側も、14万4000の主要な交点を持ったエネルギーグリッド（網目）に包まれていますが、天にあるものは地にもあり。天のグリッドと対応するように、大地にも同じようにエネルギーの網がめぐっているのです。

この網目状のエネルギーラインが交差するところが、ボルテックスといって、もっともエネルギーがパワフルに大地から湧いているところです。

ボルテックスは三次元と高次の次元が交流する場所です。だからこそ、神々が降りてこられる場所であり、私たちが自由に神々とつながれる場所なのでしょう。

純粋な生命エネルギーそのものであるエネルギーなので、レイラインの上やボルテックスは特別なパワーがあります。

最高のヒーリングエネルギーに満ちていると言えるでしょう。

レムリア、縄文の一元の時代を生きていた古代の人々は、エネルギーを感じるセンサーが備わっていて、どこにレイラインがあるのかを知っていました。

古代の信仰は、お社《やしろ》はまだなくて、山そのものや、大きな岩などのエネルギーボルテックスに、神様たちをお祀りしたのです。

時がたち、磐座《いわくら》や御神体の山には皆がなかなかアクセスできないために、祈りの場である神社が建立されていきました。

主な神社は、レイラインの上に位置していることがわかっています。

イギリスの南部のストーンヘンジやグラストンベリーに行った時、ダウジングという手法で、実際にレイラインを測定したことがあります。エネルギーラインにそって、確かにダウジングロッドが反応し、リアルなエネルギーであることを確認した記憶があります。

世界で一番有名なレイラインは、私が測定した聖ミカエルラインと聖マリアラインですが、グラストンベリーにあるミカエルの塔がある丘の頂上では、その二つのラインが迷路のように出会っていました。

日本の龍の道

日本にも知られた「ご来光の道」と呼ばれるレイライン、龍の道があります。

有名なラインは富士山を中心に、春分、秋分の日の太陽の通り道と重なるラインで、東は千葉県の玉前《たまさき》神社、西は出雲大社を結ぶ一直線のラインです。

このライン上には、鎌倉の鶴岡八幡宮、寒川神社をはじめ、金華山や竹生島、元伊勢皇大神社などがずらっと並んでいます。

夏至の日の出と冬至の日没と重なるラインもあります。

このライン上には、鹿島神宮、明治神宮、伊勢神宮、吉野、剣山《つるぎさん》、高千穂神社などがならんでいます。

もう亡くなられた私が大好きな小林美元先生が、『古神道入門』（評言社）の中で、淡路島を中心にした六芒星《ろくぼうせい》のラインや、伊勢内宮や玉置山などを起点にした五芒星のラインなどを紹介してくださっていますが、実に興味深いです。

このように、主な神社仏閣は、龍脈の上に建てられ、天と大地のエネルギーを循環させています。神社に体を運ぶだけで、龍脈エネルギーの波動に私たちの体もオーラも共鳴します。**ボルテックスの高次の波動は、神々の波動です。**

もちろん神様が実際降りてこられた場所や活躍された場所が聖地になっていることが

多いと思います。古来、神々と実際に交流してきた人たちはたくさんいます。意識は次元を自由に移動できるので、神の存在を直かに感じ、その場所にお祀りするケースや、夢などをとおして神様のほうからコンタクトがあり要請されてお社を造ったケースもあるでしょう。

この場所においでいただこうと、人々が召喚、勧請《かんじょう》した場合もあります。

大地の龍脈、レイラインでもつながっていますが、日本はコンビニよりも神社の数がずっと多いのです。八幡様だけでも4万6000社でお祀りされています。同じ神様をお祀りしている神社同士もまた太いエネルギーネットワークでつながっています。日本はどこにいても、神々のネットワークに守られているんだなと嬉しくなってきます。

地球のチャクラとも言えるエネルギーセンターにある神社で、さらに御祭神とつながり、意識的に言霊《ことだま》や、息吹《いぶき》で自分自身を祓うなら、その効果は宇宙レベル！

しんどい時、インスピレーションを得たい時、意図の現実化をお手伝いしてほしい時、次元をこえて自分自身のエネルギーを拡大していきたい時、魂魄《こんぱく》統合、神人合一を目指す時、ただホッとしたい時には……「そうだ、神社に行こう！」

おすすめの神社と聖地

「おすすめの神社はどこですか？」というご質問をよく受けます。まだ行ってみたいけれど、それが叶っていない神社も山ほどあります。

ここでは、私がこれまでお参りさせてもらった中で、私が大好きな神社、感動したスポットをご紹介していきます。

中には自然のままで特別に御祭神がお祀りされていないものの、すばらしい気に満ちた聖地もとりあげました。

ただ、書き始めてみるとたくさんありすぎて絞れません。ここにご紹介できなかったスポットも数えきれないほどあることをご理解くださいね。

また、古い神社は御神体が山そのもののことも多く、奥宮が山頂にある場合も多いのです。実際に山頂までお参りできれば体感も満足感もあると思います。

でも神々は時間と空間を超えた存在です。

どこにいても深くつながれることを知りながら、本殿や拝殿にお参りする時には、御神体そのものも意識の中にいれて参拝しましょう。

それぞれご自分に合った神社については、前章で説明しましたが、あくまでもご自身の感覚が最優先なので、ここでご紹介するスポットは参考にしていただければ幸いです。

北海道

北海道は訪れるチャンスが少なかったのですが、北海道の大自然そのものがパワースポットと言えます。聖地の宝庫です。

◆北海道神宮（札幌市）

北海道の総鎮守。大国魂神《おおくにたまのかみ》や少彦名神《すくなひこなのかみ》などがお祀りされています。

◆阿寒湖と中の島（釧路市）

阿寒湖中央のヤイタイ島の**白龍神社**
阿寒湖の真ん中の島で、船で行くのですが、阿寒湖までいらっしゃったら、絶対はずせない神社です。離れがたかったことを覚えています。

◆神の子池（清里町）

摩周湖の伏流水から生まれた小さな池ですが、水が流れこむところも出ていくところもない、美しいブルーをたたえた不思議な池です。

周りには精霊たちがぎっしり。コロポックルのメッセージを受け取った場所です。

◆小樽・余市のストーンサークル群と遺跡（小樽市・余市町）

縄文時代のストーンサークルが残っています。きれいに整備されているわけではないのですが、縄文のエネルギーを感じることができます。

近くのフゴッペ遺跡には不思議な壁画があり、近くに行ったら寄ってみてください。

神の子池

本州

◆岩木山神社（青森県弘前市）

御神体の岩木山から来るすばらしい御神気を体感できます。西暦780年に建立され、いまでも奥宮に登拝するお山参りという御神事がずっと続いています。

境内には、岩木山からの水が豊かに湧いています。岩木山のエネルギーは富士のエネルギーとも通じていて、心身が洗われるようでした。

◆白神山地（青森県・秋田県）

世界遺産にも登録されている、ブナを中心とした豊かな水に恵まれた原始の深い森です。精霊たちに出会えます。

特に暗門の滝や、十二湖と呼ばれる湖のエネルギーもすばらしく、青池はおすすめです。自然の中を歩くだけで祓われます。

◆御神木　十二本ヤス（青森県五所川原市）

青森ヒバの巨木で、不思議なことにいつも十二本の枝があり、一本かけると必ずもう一本が生えてくると言います。エネルギーに圧倒されました。

◆龍泉洞（岩手県岩泉町）

鍾乳洞です。ドラゴンブルーの青い水を湛える洞内の地底湖のエネルギーをぜひ体験してください。宇霊羅山《うれいらさん》のふもとから龍が飛び出して泉ができたという伝説がありますが、この水のエネルギーそのものが龍だったのです。

私はそこで不思議な人魚のような精霊と出会いました。

◆羽黒三山（山形県）

山伏体験三日間修行で訪れました。

三つの山の羽黒山、月山、湯殿山です。それぞれに羽黒山神社、月山神社、湯殿山神

十二本ヤス

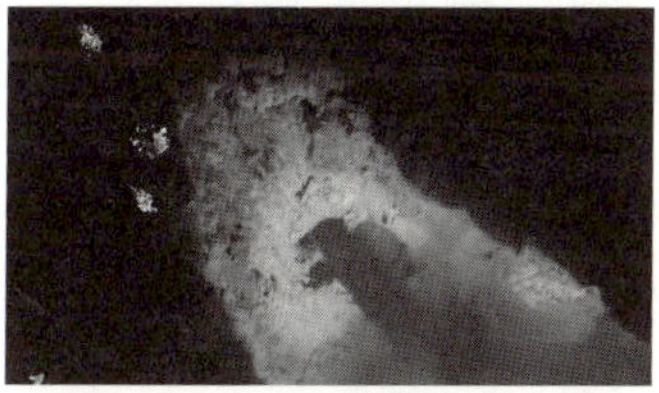

龍泉洞

羽黒山神社

社があります。

羽黒山が現世、月山が死をあらわし、湯殿山が再生をあらわしています。三日間の修行では、この順番で登拝しました。湯殿山で再生する時、滝行をしてすべてを洗いながしました。修行は結構きつかったですが、参加して本当に良かったです。

月山登拝は一番大変でしたが、月読命《つくよみのみこと》のエネルギーが深かったです。

湯殿山神社はアクセスもよく、私は御神体のお湯が豊かに流れる御神体の岩に恋してしまいました。

◆大湯環状列石のストーンサークルと黒又山（秋田県鹿角市）

ここは日本とは思えない、アイルランドのケルトのエネルギーを強く感じる不思議な場所です。北海道のストーンサークルと違い、きちんと整備されていて、すばらしい気の流れを感じました。

また近くの黒又山《くろまた》は、その形と構造からピラミッドではないかと言われています。頂上には薬師神社があります。黒又山は、発掘された遺物から祭祀場とされ、環状列石と深い関係があります。

この黒又山で、参道の上に突然絶対になかったはずの綺麗な袋が現れました。未だに

国宝　仮面の女神

神様からのプレゼントと思って大事にしています。

◆諏訪大社と縄文遺跡（長野県）

かつて信州がまだ温暖だった時に、縄文文化が花ひらいた場所だったので、土偶の縄文のビーナスなどのエネルギーに触れることができます。どこかＤＮＡの太古の記憶にスイッチが入ります。

縄文考古館、諏訪大社の四つの社殿もそれぞれに圧倒されました。

元々この土地を守っていた神様と国譲りで諏訪までいらした建《たけ》御《み》名方神《なかたのかみ》のエネルギーが習合して、壮大なエネルギーを感じます。弥生時代の前の、古い祭祀のエネルギーも感じることができます。

龍神のところでも書きましたが、いらっしゃったら、諏訪湖の龍神ともつながってみましょう。

◆戸隠神社（長野県）

ここもまた厳しい修験道の神社として知られていますが、天岩戸開きで活躍した神々がお祀りされていて、私にとっては大好きな神社です。そして、今の天戸開きの時代に、ぜひお参りしていただきたいエネルギースポットです。

天狗のエネルギーも感じますし、前にご紹介した九頭龍弁財天の龍神と弁天様のエネルギーにも会いに行ってください。

◆白山比咩神社（石川県）

菊理媛神《くくりひめのかみ》である白山比咩大神《しらやまひめ》がお祀りされています。古事記にも登場されていない隠れた女神という印象でしたが、白山信仰の総本山である白山比咩神社の力強い男性的なパワーに驚きました。

御神体は霊峰白山で、2000年以上の歴史があります。

シフトの時代、伊邪那岐命・伊邪那美命の間をとりなした菊理媛神は、どんどん表に出ていらっしゃっていると感じます。「今こそ表に出る時がきた」といった感じなので

鹿島神宮御手洗池

す。霊峰白山と習合した菊理姫神様の計り知れないパワーを感じてみてください。

◆中之獄神社（群馬県）

妙義山にある山の神社です。岩からくる圧倒的なエネルギーを感じます。秘められた感じだったので、ご紹介しました。

◆東国三社　鹿島神宮・息栖神社・香取神宮（茨城県・千葉県）

鹿島と香取は神宮と呼ばれる皇室とも関わりが深い格式高い神社です。

双方とも、神武元年、創建が紀元前660年ごろと言われています。レイラインのところでお話ししましたが、ご来光ラインの起点であるこの土地そのものの持つパワーを体で感じることができます。両神社には要石《かなめいし》という石があり、エネルギー的にバランスをとる重要な役割を果たしています。

鹿島神宮の奥宮の御手洗池は私のお気に入りの場所で、御神水をいただいてください。また息栖《いきす》神社は、水にかかわる守護を担い、浄化のエネルギーが強いです。三社すべてをお参りすることをお勧めします。

◆皇居（東京都）

皇居のお掃除のご奉仕を何度かさせていただきました。宮中三殿を中心に、陛下の祈りのエネルギーが響いてくるのです。東御苑は一般に公開されています。

◆赤坂氷川神社（東京都）

東京十社のうちのひとつ。気がよくて、とっても大好きな神社です。ともかく癒されます。

◆根津神社（東京都）

こちらも東京十社の一つです。広大な敷地の中の、私はお稲荷さんから、すごいパワーをいただきます。満開のつつじのエネルギーもすばらしいです。

◆阿佐ヶ谷神明宮（東京都）

正式参拝の時に玉垣の中に入らせていただいた時の圧倒的な清明なエネルギーに驚きました。ここの腕にまく神結びというお守りのファンです。

◆北口本宮富士浅間神社（静岡県）

富士山の麓にある木花咲耶姫《このはなさくやひめ》様がお祀りされている神社。杉並木と水の流れ、御神木にただしびれます。霊峰富士のエネルギーを全身に浴びることができます。

木花咲耶姫の力強い女性性のパワーが活性化します！

根津神社のつつじの頃

北口本宮富士浅間神社の杉並木

◆伊勢神宮と125社（三重県）

伊勢神宮の内宮外宮に関しては、ここでは改めてご紹介する必要はないかと思いますが、お勧めしたいのは125社めぐりです。

私はご縁があって、125社全部ではないですが、言葉では表せないほどのすばらしいエネルギーを体験させていただきました。

125社めぐりをするためのガイドブックがありますので、機会をみつけて、125社めぐりをしていただきたいです。この全体で伊勢神宮なのだなと実感しました。

◆125社　鏡宮神社・神麻続機殿神社など（三重県）

月読神社や滝原宮などはご存じかもしれませんが、五十鈴川沿いにある鏡宮神社など小さいけれど感動します。摂社や末社のお宮さんのまるで大きなマリモみたいなお宮の杜が見えてきた時の嬉しい気持ちを味わってください。

◆椿大神社（三重県）

私が個人的に大好きな神社です。とくに天宇受売命《あめのうずめのみこと》様をお祀りしている場所にある池が大好きです。奥の禊場で禊をさせていただきました。あまりの水の勢いにぶっとびそうになりましたが、六根清浄《ろっこんしょうじょう》の言霊《ことだま》とともに、ば～っと祓われました。

左上／伊勢神宮、冬至の日に
右上／伊勢神宮125社のひとつ
下／月読宮内宮のほう

そのあと、旅館の室内で瞑想をすると、天井から白い羽が降ってくるという不思議体験がありました。祓われた結果だと信じています。

◆賀茂神社（滋賀県）

1300年前の聖武天皇の御代に天変地異が重なり、大地が荒廃したために、陰陽道を学んだ吉備真備《きびのまきび》が災いを封じるために選んだ聖地に建立された神社。

本殿奥の祭祀跡は縄文時代の生のエネルギーをそのまま伝えています。ぜひ体感して

賀茂神社

賀茂神社の祭祀跡

みましょう。

熊野、奈良、京都、出雲など、行くチャンスがたくさんあったので、たくさんの聖地を体験することができました。一社一社、ひとつひとつを詳しくご紹介できないのが心苦しいです。

熊野

◆熊野三山　熊野本宮大社、熊野速玉大社、熊野那智大社（和歌山県）

古代巨石信仰のエネルギーもあって、もう熊野全部が神の山です。

龍大好きの私は、那智大社の那智の滝、**飛瀧神社**の圧倒的なファンです。飛龍神社、龍パワー満載！

◆神倉山のごとびき岩（和歌山県）

巨石のエネルギーに触れるだけで、意識が拡大します。イチオシのスポットです。

奈良

◆大神神社と石上神宮（奈良県）

この二つの神社は、説明は不要かもしれません。もっともオリジナルの形で和の叡智《えいち》を今に伝えてくださっていると感謝しています。

大神《おおみわ》神社の磐座は、チャンスがあればお参りしてください。大神神社は、あらゆるところにボルテックスがあります。

狭井《さい》神社でいただけるご神水は、いつも大切に持って帰っています。

石上《いそのかみ》神宮の奥宮ではないかと言われている大国見山の山頂の磐座に至る途中には、小さな祠と桃尾の滝とよばれるすばらしい瀑布があります。ここはお勧めです。

また、桜井市近辺の神社周辺の古墳群も、その古代のエネルギーを感じるだけでも意識が広がります。

◆飛鳥の巨石群（奈良県）

橿原《かしはら》神宮から飛鳥地方に広がる巨石の遺跡は、かつて地球外存在が残していったものではないかと思っています。

石舞台、酒船石など、宇宙的なバイブレーションを体感できます。

石舞台の中

興味深いのは、橿原市の益田岩船《ますだのいわふね》。ここは直接目でみて、触っていただきたいです。

◆天河大弁財天社（奈良県）

ここでご紹介する必要もない有名神社だと思ったのですが、不思議事件があったので、書いておこうと思います。時空の境が薄くなって、次元と次元が自由に交流しているポータルのような場所なんです。

正式参拝している間に、私のバッグからお財布が消え、焦って探したのに見つからないという事件が起きました。

諦めかけた時、もう一度本殿に戻ったら、なんと探したはずのバッグの中にちゃんと戻っていました！　これは私のうっかりでも錯覚でもなく、証人がいます。

丹生川上神社下社　きざはし

丹生川上神社中社　東の瀧

少し離れたところにある禊殿《みそぎでん》の奥もぜひいらしてください。令和のストーンサークルが現れそうです。

◆丹生川上神社三社（奈良県）

丹《に》生《う》川上《かわかみ》神社は上社、中社、下社があります。

中社は龍神が宿る東《ひむかし》の瀧《たき》があります。このそばに三つの川が合流する「夢淵」があり、神武天皇が戦勝を祈願して、初めて占いをしたところだと言われています。

このあたりはすばらしい滝がたくさんあって、聖地だらけです。龍神のところでご紹介した龍穴神社などもそばにあります。

また**下社**は、エネルギーもすばらしいのですが、拝殿から本殿にあがる階段が半

貴船神社の御神水

貴船神社

端なくすごいので（凡庸な表現しかうかびません）、大好きな神社です。

きざはしと呼ばれる階段は絶対拝見すべきです。

一年に一度、一般の人も昇段させていただけます。

京都

◆貴船神社と鞍馬寺（京都府）

ここも、龍と宇宙のエネルギーを体感できる場所です。

龍のところでも書きましたが、貴船神社の奥社では龍のエネルギーを感じてください。

鞍馬寺の魔王殿から、貴船の岩舟へと歩いてみると、宇宙エネルギーとの強いつながりを体感できます。

◆伏見稲荷（京都府）

伏見稲荷はできれば、奥社もお参りしてください。また違ったクリアなエネルギーを感じることができます。

籠神社奥之院、真名井神社

◆元伊勢の神社（京都府）

こちらもたくさんの素晴らしい神社が集まっています。中でも**籠《この》神社**の奥社の**眞名井神社**にやはり惹かれます。豊宇気毘売神《とようけびめのかみ》と天照様の両方がお祀りされています。

兵庫

◆六甲比命神社（兵庫県）

廣田神社の社領である六甲山の中にある神社で、巨大な磐座が御神体です。瀬織津比賣《せおりつひめ》がお祀りされています。御神体を体験してください。

六甲山には数々の巨石がお祀りされていて、カタカムナが伝授されたのもこの六甲山系の金鳥山と言われ、神秘のエネルギーに包まれています。私は六甲山を眺めながら育ったので、特

稲佐の浜の弁天岩

別な思いがあります。

島根

◆出雲大社（島根県出雲市）

出雲大社についての説明は不要ですが、奥にある素鵞社《そがのやしろ》と稲佐の浜は、私とってのパワースポットです。

素鵞社は須佐之男命《すさのおのみこと》をお祀りしています。

今は御砂をいただけるようです。

また、出雲大社の右手にある北島國造館の中の池と、滝のある少名毘古那神《すくなひこなのかみ》がお祀りされている天神社はすばらしいヒーリングスポットです。

◆須我神社（島根県雲南市）

須佐之男命と妻の櫛名田比売《くしなだひめ》がお祀りされ

宮島弥山の磐座

ています。またまた、奥宮の夫婦岩がお勧めです。

◆**美保神社（島根県）**

私のイチオシ神社です。自分にあった神社のところでご紹介しています。

広島

◆**嚴島神社（広島県）**

ここは覚醒の場所です。ゲリーは、ここは数々のレイラインが交差していて、覚醒のエネルギーに溢れていると言っています。

多くの人が、この島の洞窟で瞑想して、覚知したそうです。**弥山《みせん》の磐座**は、古代文字も書かれています。

絶対に一生に一度は、訪れてください。

唐人駄馬

唐人駄馬

四国

◆御厨人窟《みくろど》（高知県）

空海が明けの明星を飲み込んで覚醒したと言われている室戸岬の洞窟です。今は中には入れないかもしれませんが、私にとっては強烈なパワースポットです。

洞窟から空と海が出会うあたりを見た時に、空海という名前のもつ深いエネルギーが響いてきました。

◆唐人駄馬（高知県）

足摺岬に行く途中にある巨石群で、ストーンサークルのあとも見られます。

ここは百聞は一見にしかず。巨石の上に身を横たえていると、地球に来る前の魂の故郷につながります。石の上でも瞑想がお勧めです。

九州

◆宗像大社（福岡県）

宗像三女神をお祀りしていますが、奥宮の聖地のエネルギーが大好きです。

◆高千穂神社（宮崎県）

神様カードを作るきっかけをくださった神様です。感謝です。

◆荒立神社（宮崎県）

猿田毘古神《さるたびこのかみ》と天宇受売命《あめのうずめのみこと》様をお祀りしている神社ですが、小さめのお社にお二方が並んでお祀りされている、とてもユニークな神社で、いっぺんに気に入ってしまいました。

◆槵觸《くしふる》神社（宮崎県）

天孫邇邇芸命《ににぎのみこと》が天下ったとされる場所の神社です。この神社のエネルギーが静かでとてもいいのです。

槵觸神社

◆天岩戸神社（宮崎県）

天岩戸を遥拝できる天岩戸神社。２０２０年から、登山家で友人の広田勇介さんが、岩戸のしめ縄をかけかえるご神事に関わっていらして、とても身近に感じています。

西本宮にある天安河原は、天照様を岩戸からどうしたら出ていただけるかを相談した場所と言われていますが、その不思議なエネルギーは、意識を多次元へと拡大してくれます。

霧島神宮の古元宮

◆霧島神宮　元宮（鹿児島県）

大好きな上に過去生でのご縁を感じるのが、霧島神宮の古元宮《こぐうし》です。

噴火で焼けた、霧島神宮の古元宮で、高千穂河原にあります。ここは、本殿も何も残っていないのですが、高千穂の峰を臨む祭祀の場に立っただけで涙があふれてきました。

絶対に外せないでしょうという神社も、有名なところはあえてご紹介していません。崇敬を集めているすばらしい神社は、きっとみなさん参拝されるでしょう。

こうしてみると、磐座好き、巨石好きの私の好みがはっきり反映されていますね。

ともかく、書ききれなくて葛藤を起こしてしまいました。祓わねば（笑）。

さあ、いよいよ祓ひ、Ｈｏｗ ｔｏ解放アンド開運のご紹介ですが、その前に、絶対おさえておかなくてはいけないポイントがあります。

それは、私たちがどういう仕組みの存在なのかを知っておくことなんです。

第5章

おさえておくべき開運加速ポイント

私という人間のしくみ

自分のことをちゃんと知らないでいると、せっかく祓っても、効果は半減します。天御中主《あめのみなかぬし》から生まれた私たちなのに、なぜ祓ひが必要なのでしょうか。

私という人間の三層構造のしくみをシンプル、かつきちんと理解していただくと、それだけでも人生がより軽やかに生きられるようになります。

まずお伝えしたいのは次の三つのポイントです。

① 私たちはまず「魂意識」と「肉体意識」の二つの波動の違うエネルギーから成り立っていること。

大元のエネルギーは、ビッグバンの時、意識エネルギー「陽」と物質や物質になり得るエネルギー「陰」の二つのエネルギーに分かれました。

魂意識は「陽」、肉体意識は「陰」と理解しましょう。

私たちは波動の違う二つのエネルギーから成り立っている

魂も肉体も創造主「天御中主」から生まれている＝神聖である

② 肉体意識は、さらに筋肉や骨といった物理的な「身体《ボディ》」と、それをくっつけている見えないエネルギーの「霊体《スピリット》」からなっていること。

③ そして、魂も肉体も両方とも大元である創造主、天御中主から生まれているということ。だから、魂も肉体も文句なく神聖なのです！

神道では、臍《へそ》の緒《お》は「たまの緒」と呼ばれ、直接、御祖の大神につながっているとされています。

西洋の宗教とは違い、教祖も教義もない神道は、DNAでつながるご先祖様を大

人間はトータル三種のパーツからできている

切にするという意味でもユニークです。このことは、肉体も単なる入れ物ではなく神聖で、物理的な体が亡くなったあとも輪廻転生するという真理を反映しているのです。すべてに神様が宿っています。

ちなみに、内臓にも神々が宿っているんですよ。

たとえば、罔象女神《みつはのめのかみ》が水の女神で腎臓に宿り、火之迦具土神《ひのかぐつちのかみ》は心臓を司っているとされています。

体の中の内臓にも神々が宿るという視点は、「肉体はただの入れ物」と考える他の宗教と一線を画しています。

人間という存在は大きく分ければ魂魄《こんぱく》つ

まり、魂意識と肉体意識の二つ、さらに肉体意識は霊体と物理的肉体に分かれるので、トータル三種のパーツからできています。

天から来た天津神そのものである**魂**と地球生まれの国津神である**霊**という、波動が違う二つのエネルギーが、地球生まれの**体**に宿っているのが私たちです。

違う種類のものが一つのビンにはいっている、フレンチドレッシングみたいな感じ。

この場合、ビンは物理的な体にあたります。

世界はよりシンプルに見えてきたでしょう？

魂魄の目的と輪廻転生

魂魄それぞれ、目的が違います。

魂も霊体も両方とも目に見えないエネルギーなので、混同しないでくださいね。

魂は意識です。思考することができる意識です。

霊体は感覚を司り、気持ちや感情を司ります。論理的に考えることはしません。

魂は永遠不滅で不動不変。創造主そのもののエネルギーですから、創造主さえも私たち魂存在を変えたり、傷つけたりすることはできません！

地球体験を観察しにきていて、三次元の時間や空間に縛られません。この宇宙をソウルグループの仲間とともに団体旅行をしています。だから、地球に来る前は、あなたはプレアデスにいたかもしれません。オリオンから来たのかもしれません。

私たちの半分は元宇宙人です。

霊体と物理的な肉体、ひっくるめて肉体意識は地球生まれで、過去から未来へ続く直線時間の中で生きています。人類という群れをなす哺乳類の動物の部分。種の保存、進化、**生き残りが目的です。**

アメーバのような単細胞が複細胞に進化した時に生まれた霊は、宿った物理的な体が死を迎えるごとに、前の体で獲得した生き残り情報を次の体に持っていきます。

このようにして、アメーバから生き残り戦略を次世代の体に伝えながら、植物を体験し、動物を体験し、ありとあらゆる生命形態を体験して、最終進化した形態が、今の人間の体です。

まさに胎児がお母さんのお腹の中で、今までの進化を辿るといいますが、そのとおり。私たちの霊体はこれまで、椰子の木だった時や、魚になって川を遡っていた時、熊だった時の感覚や体験を全部記録しているんです。すごいでしょう。

ネイティブアメリカンが大切にしている、それぞれを守ってくれる守護動物――トーテムアニマルは、人間になる直前の霊体が宿っていた形態です。

ちなみに、私は鳥族で、鷹でした。これは、アカシックレコードで読める人もいますが、退行催眠を使って自分で体験することができます。

アカシックレコード

人間の霊体は、せっかく学んだ生き残り戦略をできれば生かせる馴染みのある場所に次も生まれ変わります。ですから、身体が死を迎えると、そこに宿っていた霊体は、同じ家系の中で次の肉体を創ろうとします。

ただ、今生まれ変わってきた私たちの霊体は一つ問題を抱えています。

理由は、この100年ほどであまりにも急激にテクノロジーが発達したために、直前に獲得した生き残り戦略がまったく役にたたないのです（涙）。

私の場合、直前の霊体の転生は明治生まれの母方の祖母にあたる人でした。亡くなってから4年あまりで生まれ変わったので、結構身体的な特徴や問題点を今世に持ち越してしまっています。そして、明治の時に役立った生き残り戦略は、現代ではまったく役に立たないどころか、かえって邪魔になるくらいです。

女性は表に出ず、主人のあとを三歩さがって歩くなど、先史時代の遺物ですもの、葛藤の種です。そんな控えめだった前世の私である祖母とつながってみると、アートであれ、何であれ、男性の陰ではなく、もっと自分を表現したかった！　という思いが湧いてくるのです。彼女は私を通して、叶わなかった思いを完了します。

私は私でありながら、先祖としてもこの人生を生きているのです。

魂は直線時間の外にいて、全部の地球の転生を観察しています。でも、肉体意識からみれば、魂も輪廻転生しています。

魂はこの陰陽の太極図《たいきょくず》のように、全部の転生を統括している部分と、各転生にフォーカスしている部分があるという感じです。**私の魂は、今この体に入っていつつ、同時に他の平均３５０回程度の転生を観察しているのです。**

実をいうと、私の地球転生の数は平均よりぐっと少なく１００回程度。だから、なかなかこの人生でも地に足がついていなくて忘れ物が多い……というのは言い訳ですが。

魂視点からみれば、全部同時進行しているわけですから、前世や過去生というよりは、平行人生、パラレル自己と言えるでしょう。

こうやって、**魂は地球体験のデータを集めています。**そのデータは、アカシックレコードのクラウドに記録されていきますから、一つの魂が自分で全部体験する必要はありません。

これはグッドニュースです。自分自身で、犯罪者から聖人まで、すべてを体験しなくても、データバンクは誰にでもアクセスできるので、情報を共有できるからです。

私たちは皆、地球での体験のバランスをとっているだけなのです。

宇宙図書館、アカシックレコードは、空海が虚空蔵《こくうぞう》と呼んだもので、日蓮も空海も近来では出口王仁三郎《でぐちおにさぶろう》なども、自由にデータを取り出していました。

目覚めていくにつれ、アカシックレコードの扉も開いていきます。

自分が過去生で住んでいたことがある場所を現在訪れたりすると、過去のヴィジョンがフラッシュバックすることも増えていくと思います。

ここまでで、私たち人間はどんな仕組みになっているかが伝わったでしょうか。

魂意識と肉体意識が合体しているのが自分だけれど、それぞれが違う目的をもっているから、私たちは内側で、迷ったり、混乱したり、葛藤しているんです。

魂と魄の関係性と葛藤

よくこのお話をすると、「じゃ、今私だと思っているのは、どこの部分ですか?」という質問を受けます。

もちろん、魂も肉体の意識も、魂魄全部がまぎれもない「私」なのですが、自分だと認識しているのは、海から顔を出している氷山のように、ごく一部だと聞いたことがあるかと思います。

そう、本来は全部が今の自分ですが、顕在意識で自覚できている自分は、魂意識と肉体意識が重なり合っている中のごく一部です。

だからこそ、偽物のセルフイメージに閉じ込められていたら、大変。たったちょびっとの部分を、全部自分だと思いこんで、「私はいつもうまくできない」「自分はのろい」「私なんかには無理」といった「私は」で始まる偽物のセルフイメージという小さな箱を、まずこの章を読んだらすぐに壊してください。

あなたは天御中主、天照大御神の分御魂なのですから、どんな思い込みも、現実化し

日常生活でのそれぞれの役割

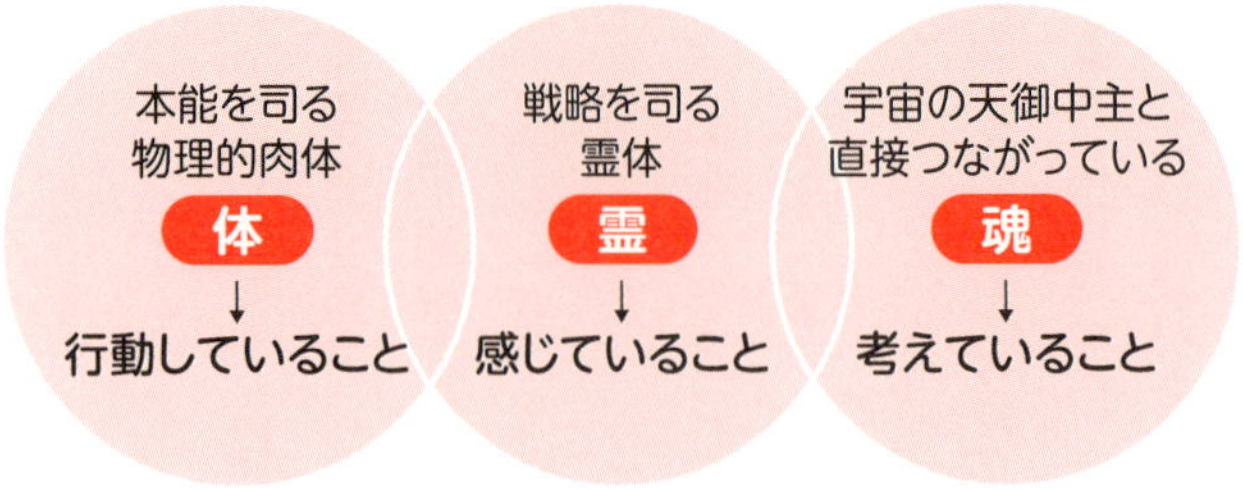

ます！

人間存在とは実に広大で、本能を司る物理的肉体、戦略を司る霊体、そして宇宙の天御中主と直接つながっている魂の三位一体です。三つの違う波動、違う役割をもったパートが協働しているのが自分です。

これが日常生活でのそれぞれの役割を担っています。

魂→考えていること
霊→感じていること
体→行動していること

現実に物理的肉体にあたる車のハンドルを生まれた直後から握っているのは、スピリット、霊体です。

ボディが感じる快不快の信号を受け取り、自分の世話をしてくれる存在が喜ぶことをすればサバイバルできるという戦略を使いはじめます。
肉体は7年ごとに全部細胞が入れ替わるので、7年が一つのサイクルとなって、赤ちゃんから大人へと成長していきます。

7歳ごろまでは、直前の肉体意識の影響を受けます。私は祖母の生まれ変わりなので、祖母と同じ場所に全く同じアザがあります。直前の過去生で、肺炎で亡くなったりすると、今世、喘息を持って生まれたり、過去生で火傷をして亡くなると、今世でもやけどのようなアザを持って生まれることがあります。

それも、7歳から14歳の次のサイクルにはいると、だんだん魂意識が助手席に座って顔を出してくるので、過去生から持ち越した症状などは、自然に消えていく場合も多いのです。

14歳をすぎると魂と深くつながりはじめ、自分は何者か、何のために生きているのかなどと、哲学的な問いかけをするようになります。

このまま、悟った親に育てられたなら、21歳をすぎてからは魂魄が仲良くハンドルを握り、自然に覚醒していくわけですが、実際はそうはいきません。

ただ、一元化が加速しているせいでしょうか。

2012年以降、移行の中心ポイントをすぎた現代では、この7年サイクル説も崩れてきたように思います。生まれた時からレインボーチルドレンなどといった子供たちがたくさん生まれてきています。魂魄の統合がすでに進んでいるかのように見えるのです。

私の孫も、生まれる前の弟との記憶を話してくれますし、自分自身が生まれる時、臍帯が絡んで吸引分娩だったことを、教えてもいないのに、知っていました。

胎内記憶をもっている子供たちも実に増えてきました。

これもまた、時代の大転換が現実に現れている証拠でしょう。


自閉症スペクトラムという範囲にはいる子供たちも、実は時代を先取りして生まれてきたのではないかと思います。大変繊細で、頭もよく感覚もするどいけれど、人と合わせることが苦手。

二元性から一元性への一番の変換点は、「他人軸」から「自分軸」への変化です。

ただ、こういった子供たちは、まだ他者とのつながりや自分を十分に認識できないまま、なまの自分軸に偏《かたよ》っているのかもしれません。

地下室には何がある？

車のたとえと同様にわかりやすいのが三層の建てものにたとえる方法です。

前にチャクラについて少し書きましたが、魂霊体はそれぞれの肉体のエネルギーセンターとつながっています。

フロイトは、意識を潜在意識、顕在意識、超意識と三層構造で説明しました。

これは最もシンプルなとらえ方です。東洋では体には大きく三つのエネルギーセンターがあるとされ、それぞれに対応しています。

上丹田、中丹田、下丹田です。

医学やテクノロジーが発達して、司令塔は脳だけではないという証拠が次々にでてきました。上丹田は脳が司令しますが、中丹田は心臓、下丹田は腸に、脳と同じ神経伝達物質が存在することがわかっています。下丹田は、日本人には「ハラ」としてとても馴染みがあるかと思います。

これから体内の三つの司令塔、三つの脳を意識してみませんか。健康のために頭ではケーキを食べてはいけないことがわかっているのに、どうしても食べちゃう仕組みが理解できたかと思います。

三層の建てものとは、

物をしまい込んでいる地下室　下丹田―潜在意識―物理的肉体―本能
普段居住している階　中丹田―顕在意識―霊体―生き残り戦略
空とつながっている屋根裏と屋上　上丹田―超意識―魂―普遍意識

この地下室に胎児の時から7歳ぐらいまでに取り込んだ「べき」「ねばならない」「できない」あるいは、「私はだめだ」といった言霊たちがしまい込まれています。まだ自分も認識できない幼いころに、世話をしてくれる人を喜ばせなくてはと取り込んでしまった生き残り戦略や信念です。地下室で隠されたまま、似たような体験を重ねるにつれ、どんどん、カチカチに凝り固まっていきます。

でも、この地下室には見たくないものばっかりが入っているとはかぎりません。

体の三つの大きなエネルギーセンター

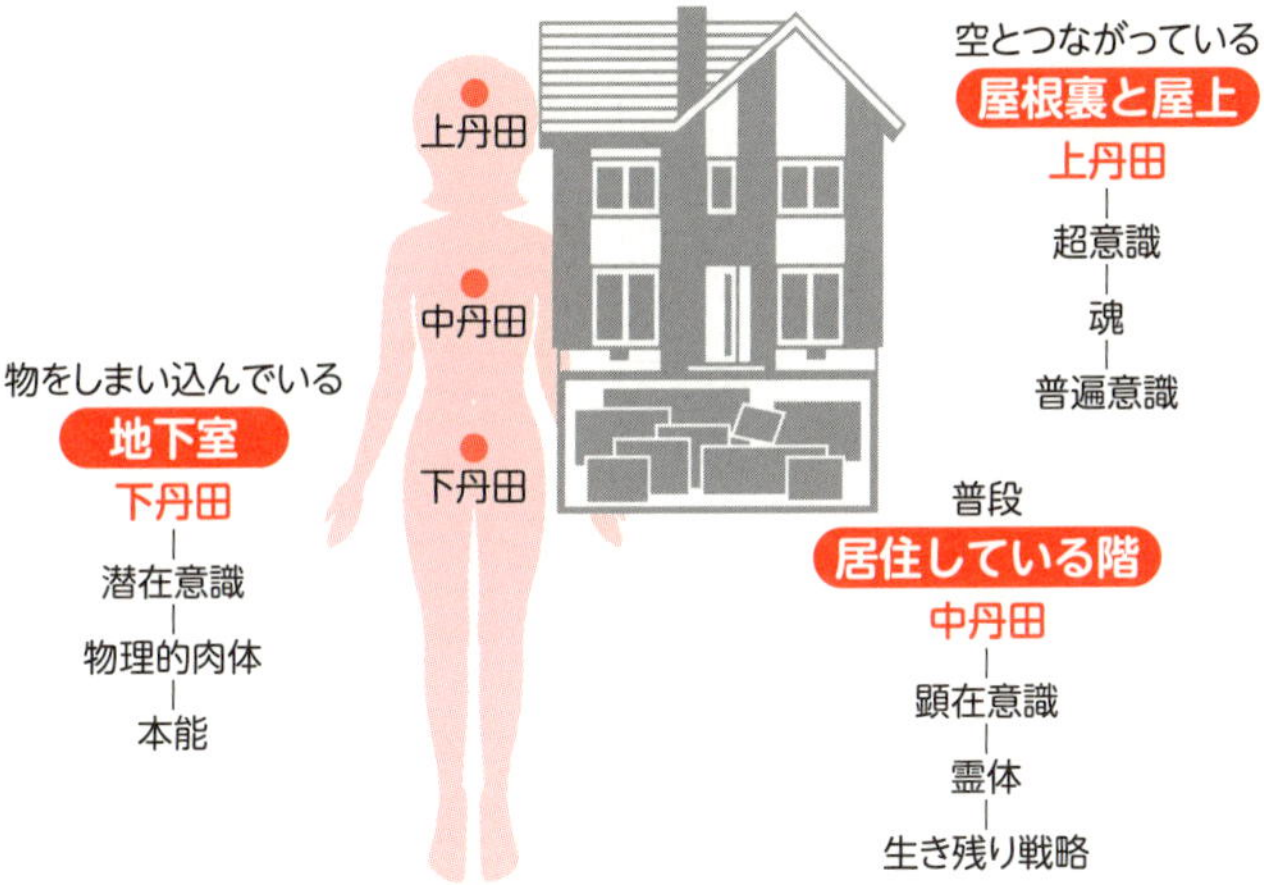

ちゃんとしなくちゃ、いい子でいなくちゃという信念によって地下に追いやられた「無邪気さ」、「自由」、枠に囚われない「創造性」といったすごいアイテムがはいった宝箱もしまわれているんです！　もう見ないでうっちゃっているわけにはいきません。

そして、居間には気がつけば屋根裏の秘密の部屋と屋上につながる螺旋階段があります。

ネドじゅんさんがエレベーター呼吸というすばらしい方法をご紹介してくださっていますが、古神道には、この三階建てを自由に行き来する「火水《かみ》の息吹」という呼吸法が伝わっています。

火水の呼吸、123ページにご紹介していますので、ぜひ日々実践してください。三層の自分自身を地下室から屋上まであっという間に行ったり来たりできるエレベーターでつなぎましょう。地下室は、天照大神の波動という素晴らしい母なるエネルギーと直結し、屋上は天御中主の父なるエネルギーと直結するエレベーターです。

大開運の秘密！

一元の世界に入っていくに従って、「本当はこうしたいけどできない」「やりたくないけど、やらないとどう思われるかわからない」といった異心《ことごころ》／葛藤はどんどん祓っていきましょう。

選択する余地なく、強制的に変わらざるを得ないような出来事も増えてきています。

私たちは、生と死を選んでくると同じように、本来の自分自身に目覚めるためのライフイベントを、自分で設定してきます。

事故や病気というインパクトのある出来事もあれば、特定の人との出会いなどもそうです。ビートたけしもバイク事故にあったあと、人格がまるで入れ替わったかに見えますね。

人は臨死体験や危機的な出来事に遭遇すると、魂意識がその瞬間に介入する場合も多いのです。

普段は魂にとっては、苦しさや悲しみも地球体験なので、観察者の位置から直接的に肉体意識のやることに口出しはしませんが、肉体の危機には瞬間的に介入します。

事故にあった時、すべてがスローモションで動く体験をした方もいらっしゃるでしょう。

普段直線的に流れていく時間が、魂の介入によって同時存在時間と瞬間につながるからです。母も庭で高い脚立から落ちた時、時間が突然、ゆっくりと流れはじめ、トマトを支えるとんがった竹の棒にささらないように、ゆとりを持ちながらどこに墜落するかを選ぶ時間があったと言っていました。

でも統合の時代、意識的に魂魄の統合を目指すならば、病気や事故といった危機的瞬間を体験しなくても、魂意識と肉体意識が自然に連携をとりはじめています。

目覚めのために自分で設定してきたイベントも、その出来事が起きるまえに、目的を達成してしまえば、たとえ事故にあってもまったく無傷でいることができます。

もう一度書きます。

ともかく今、祓って、祓って祓いまくれば、三位一体は自然と達成されていきます。統合が進むとシンクロニシティが起きはじめ、人生の流れが驚くほどスムーズになっていくでしょう。すべてとつながっている魂意識は、いつどこに行けば望むことが起きるのかを超意識でわかっているからです。

これこそ大開運の秘密です!!

運がいいのではなく、**好運は自分で単純に引き寄せることができます。**

天御中主の分御魂の私たち。

自分の世界の創造主は自分自身なのです。

第6章

だから
祓って
開運しよう！

お祓いって何のため？

神道は「祓ひ」と「禊《みそ》ぎ」につきると言われます。

お祓いってなんでしょう。

一言でいえば、お掃除です。

服についた埃を払う時、手でパッパッパッパと払うでしょう。これが祓ひの基本です。

神道の基本概念は「清明」——清らかで明るいこと。心も体も清らかで明るく保つのが「祓ひ」と「禊ぎ」です。

禊ぎも祓ひも、基本意味は同じで、両方とも清めるための方法です。

もともとは古事記の物語でよみの国からもどってきた伊邪那岐神が、海にはいって穢《けが》れを清めたのが「禊ぎ」、須佐之男命が高天原で散々悪さをした時の罪を清めたのが「祓ひ」と言われてきました。

禊ぎは水を使って「自らを清める」という意味がありましたが、昔から「禊ぎ祓ひ」

として一つの言葉になっています。

繰り返しますが、元々は魂も肉体も天御中主から生まれているので、神聖で清らかです。ただ、生き残っていくために「どうすれば人から愛されるのか」が一番の目的になってしまうと、自分が本当にやりたいことと、実際やっていることとの間の溝がどんどん深くなっていきます。

このように、心の中にある天御中主であり、天照大神の輝く陽の光が、黒い雲に覆われた状態になると、生命エネルギーである気のネットワークに、石ころやゴミが詰まったり、溜まって淀んだりしはじめます。

この、**気の流れのゴミをとりのぞき、本来の流れに戻すのが、禊ぎ祓ひです。**

簡単に言えば、感謝と歓びから遠くなってしまう思い……自己否定、恨み、嫉妬、自信喪失、がまん、妥協、癒されていないトラウマや許せない過去などのゴミや石ころたちをきれいさっぱりお掃除をすること。

パイプに詰まったゴミや邪魔している物を取り除けば、流れは勢いをとりもどし、澱《よど》んでいた川は透明に澄み切ってくるでしょう?

ケガレは汚いことではなく気枯れ、ツミは罰せられるものではなく、気の流れを詰まらせたり、本来の自分を包んでしまうものを意味しています。

禊ぎは「身を削いでいく」という言霊であると同時に「実を注いで豊かになる」ことを表します。

祓ひは、張霊《はるひ》!

いらないものが祓われると同時に、直霊《なおひ》とも呼ばれる私たちの魂が春のようにふっくらと本来の状態に戻ることを表します。

浄化と活性化は表裏一体、**禊ぎ祓ひはクレンジングとチャージングを同時に起こすことなんです。**

本書では、禊ぎと祓ひを一緒にして「祓ひ」と表現していきます。

祓えば祓うほど、生命エネルギーが増えて活性化する。ならば、どんどん祓って、開運しましょう!

古神道が伝えるさまざまな祓ひと開運

これからがいよいよ本番！

ここでとっても大切なことをお伝えします。

この宇宙と世界のすべてが波動、周波数、振動です。

私たちはそれぞれが、全宇宙でたった一つのユニークな振動を発しています。一人ひとりが自分だけの音楽を奏《かな》でているのです、

祓ひは、現在の波動をより軽やかにより高次の波動へと変化させることです。

波動が変化した結果、思考と感情と行動が今までとは変わっていきます。

繰り返すパターンがあるなら、その部分の波動が凝り固まっている証拠。

祓ひの効果を確かめつつ、前に進んでいきましょう。

それでは実際に祓う方法です。祓ひには、神主さんが幣《ぬさ》を使って行うお祓ひがありますが、人にやってもらうものを「他祓ひ」自分で祓うものを「自祓ひ」と言います。

ここでは、自分でできる自祓ひと日本ならではの開運法をお伝えします。

ともかくみんな簡単なんです。

大切なポイントはたった一つ。**「真摯」に誠意を持って行うこと。**

真摯さは三階建の魂霊体を全動員して行うことを意味します。

祓ひをなぜ行うのか、祓われたあとの清々《すがすが》しさを明確に腹で感じ、意図しながら行なってください。そうすれば、効果絶大です。

では、用意、スタート！

① 聖地参拝で開運する

大好きな神社、聖地を実際に訪れる

波動を変えるには、場所を変えるのが手っ取り早い方法です。

大好きな場所、特に波動の整えられた聖地に体を運ぶことは最高の祓ひです。

人それぞれ、好きな神社があります。神社は当然お祀りされている神々の波動を浴びることができます。

たとえば、伊勢神宮の聖域に入った時に五感につたわる清浄感。この実際の清明感覚を深呼吸して体感してみましょう。

ゆったりと聖地に立って呼吸をするだけで、祓われることが実感できます。

日本は言霊《ことだま》の国。清明はまさに生命に通じます。

波動がお互いに共鳴共振しあうという事実を使い、自分自身の波動が高まります。

神社でなくても大好きな自然の中に行く

もともと、森羅万象すべてに八百万の神々が宿っておられます。神社のお社が建つ前は、大樹や大岩が御神体でした。

山の上、森の中や、お気に入りの池など、気持ちが良くて大好きな自然の場所があれば、そこもあなただけの聖地です。

ただ、肉体は地球生まれなので、足の裏が実際の大地に触れられるところがお勧めです。人があまり多くなければ、座って風や太陽の光を感じでみましょう。魂霊体がつ

ながり整います。

②　火の祓ひ

世界は四つの要素から成っているとされ、火、風、水、土がそれぞれにあたります。

それぞれに祓ひの方法があります。

火で燃やす

燃える火は太陽のエネルギーとリンクして強烈な浄化力があります。

護摩だきもそうですが、火を燃やすだけで場の浄化になります。

不要なものをシンプルに火にくべ燃やしましょう。

あとにあげる形代《かたしろ》の祓ひにもあるように、自分のエネルギーを移した形代を燃す儀式は強力です。

火打石で祓う

神道の道具に火打石があります。時代劇で、出かける人の方に火打石の火花で見送るシーンを見たことがありませんか。

神社のお祓いと同じ、左右左（さ、う、さ）の順番で、肩のあたりで火打石を打ちます。人にしてあげる時は、向かって左の肩から、自分自身での自祓ひは、自分の左肩右肩左肩と打ちます。

③ 風の祓ひ

吹く風で吹き飛ばす

吹く風を感じながら、自分の中の不要なものを吹き飛ばすイメージで、いろいろなものを吐く息とともに吹き飛ばします。たとえば、悲しみや怒りなどの感情のエネルギーを風とともに体の外に出しましょう。

風とともに
不要なものを吹き飛ばす
怒り
悲しみ

呼吸で祓う

呼吸は風の祓ひの中で最も重要なものです。古神道や古代の叡智にはあらゆる呼吸法が実践されてきました。

呼吸法は古神道では「息吹《いぶき》」と呼ばれます。ここでは効果が実感される呼吸法をご紹介します。

まずは肺を全部使う完全呼吸を覚えましょう。ヨガで使われる腹式の呼吸法です。

不要なものを解放する時には、鼻で吸って、口から吐く。

エネルギーをチャージする時、必要なところにエネルギーを送る時は、鼻から吸って鼻から吐きます。

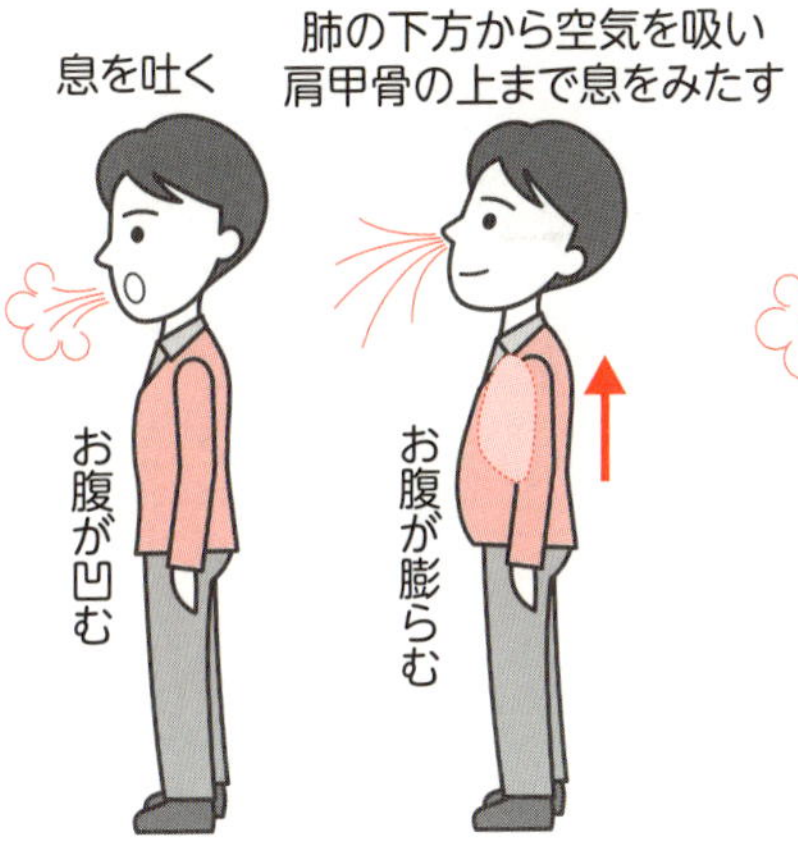
息を吐く
肺の下方から空気を吸い
肩甲骨の上まで息をみたす
息を全部吐く
お腹が凹む
お腹が膨らむ

完全呼吸のやり方

- まず息を全部吐きます。
- ゆっくりとお腹が膨らみ、だんだん肺の下方から空気を吸い込み、最後は肩甲骨の上まで息でみたします。
- 息を吐く時は肺の上のほうから吐いていき、最後にお腹が凹みます。

この呼吸法は赤ちゃんが自然に呼吸している方法です。人は不安や緊張を感じる時や、ショックを受けると、息が浅くなったり止まったりします。

意識的な呼吸をするだけで、リラックスして、魂魄合一状態を楽に作り出すことができます。

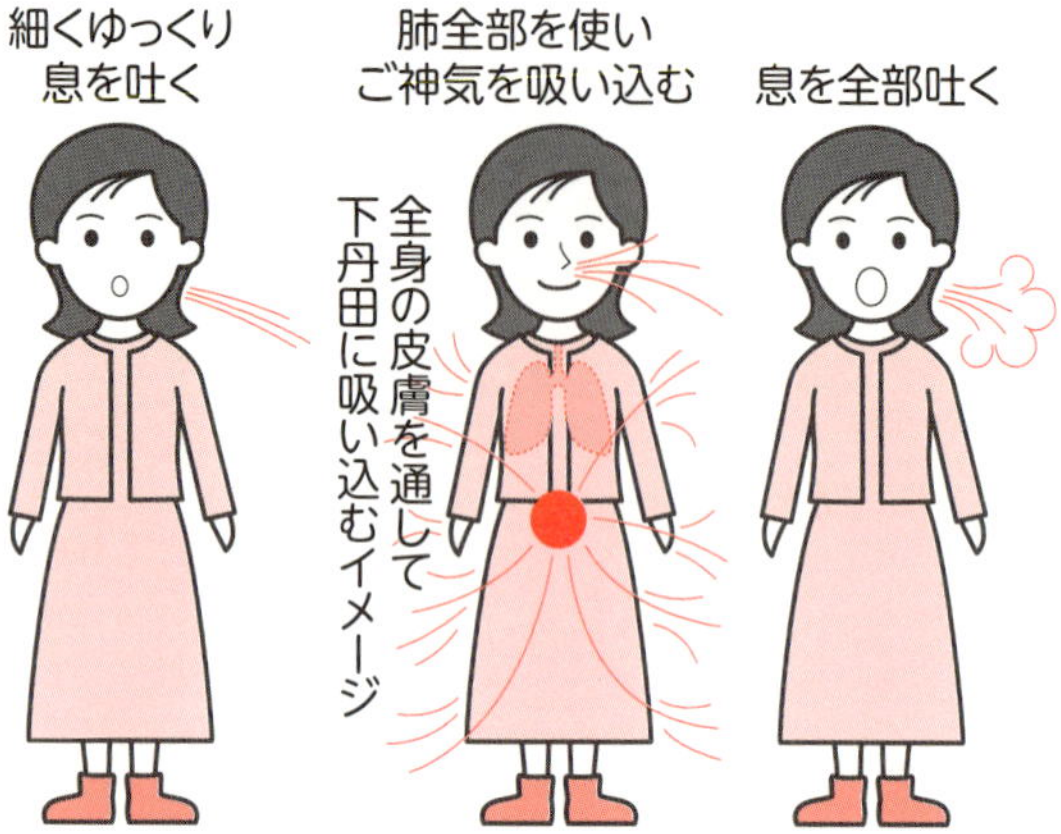
細くゆっくり
息を吐く
肺全部を使い
ご神気を吸い込む
全身の皮膚を通して
下丹田に吸い込むイメージ
息を全部吐く

息吹永世《ながよ》の息吹で祓う

古神道に伝わる最も基本的な呼吸法です。現代ではロングブレスといって美容にもいいと使われている呼吸法ですが、文字どおり、体のエネルギーブロックを取り外し、長生きできる呼吸法です。

● まず息を全部吐きます。

● 鼻から肺全部を使って、純粋なご神気を吸い込みます。この時イメージでは、全身の皮膚を通して、下丹田に吸い込む感覚。

● 息を吐く時には、口から細く長くゆっくりと吐きます。吸う時よりも、吐く時のほうが長くなります。

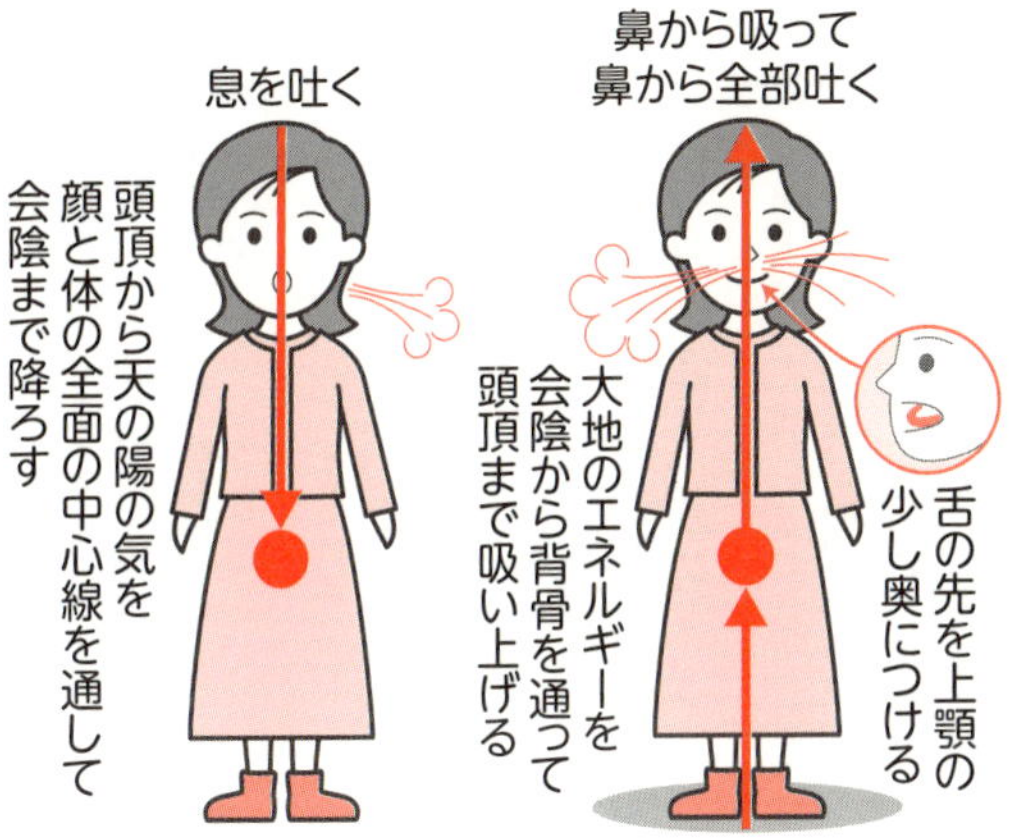

繊細に細く長く静かに吐くのがコツで、慣れてくると、1分間に3呼吸くらいのペースで行います。あとにご紹介する鎮魂印（143ページ）を使いながら行うとより効果的です。

火水の呼吸で祓う

火は陽で魂の直霊《なおひ》のエネルギー、水は陰で身《み》の物質のエネルギー。この火水《かみ》の呼吸は文字通り、異心《ことごころ》を祓ひ、内なる神と顕在意識をつなぐ呼吸です。

舌の先を上顎の少し奥のあたりにつけてください。こうすることで、完全な輪ができあがります。完全呼吸で行いましょう。

● まず息を全部吐きます。鼻から吸って、鼻か

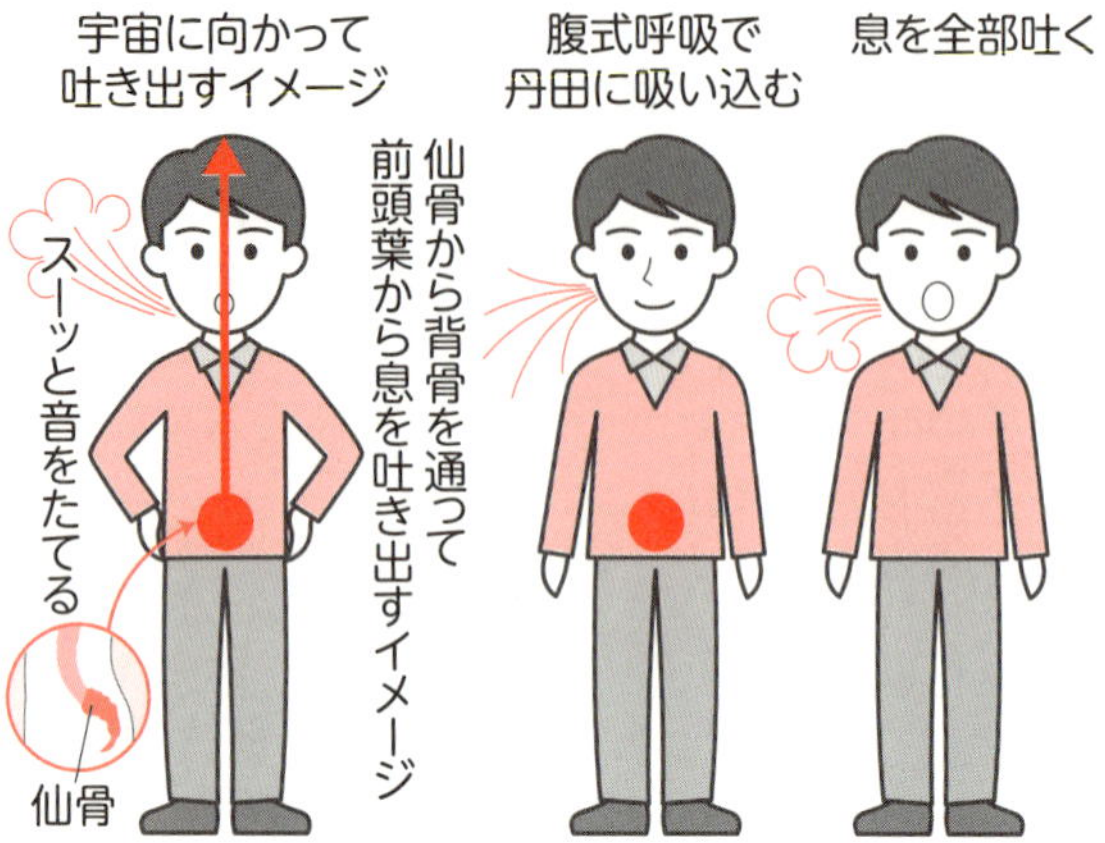

ら吐いてください。

●息を吸う時、大地のエネルギーを会陰から背中の背骨を通って、頭頂まで吸い上げます。

●息を吐きながら、頭頂から天の陽の気を、顔と体の前面の中心線を通して会陰まで降ろします。

これを7回ほど繰り返してみましょう。

陰陽統合の気のエネルギーが、異心を祓ひ、真の自分とつながれます。

ス神の息吹祓ひ

日本は言霊の国、濁音、半濁音も含めた言霊75文字の中心にある音が「ス」の音で、スには中心という意味があります。

●息を全部吐き切ります。
●丹田に腹式呼吸で息を吸い込む。
●吐く時には、仙骨から背骨を通って前頭葉から宇宙に向かって息を吐き出すイメージ。両手を腰に置いて行う。
●この時、スーっという音をたてながら吐きます。

部屋の風通しをよくする

これは、場の浄化としては必須です。風が通るところは気も通ります。気がめぐる部屋にいることで、自分自身の気も自由に流れます。

④ 水の祓ひ

水の祓ひの代表的なものは、禊ぎです。

伊勢の五十鈴川で神道の行として、正式に何度か禊ぎをしたことがあります。一度は、真冬の気温が0度の時でしたが、不思議と水の中は冷たくありませんでした。

水と塩は、祓ひの中でも最も代表的なもので、現在でも大相撲の土俵上で、力士たちが力水で口をゆすぎ、塩をまいて身を清めています。

川や海に入って禊ぐ

神道の行や修験道の行を行う時には、指導してくださる方とともに、きちんとした形で行いましょう。唱える詞も決まっていて、明確な手順があります。

自然の中で、自分で行う時は、海や川に祓ひを意図して静かに身を沈めます。絶対に危険のないように、万全の準備をして足の届くところで行いましょう。

私は頭まで浸かります。髪には、いろいろなエネルギーが溜まりやすいからです。

入る時には両手の手のひらを重ねて「祓戸《はらえど》のおほかみ、祓戸のおほかみ」と上下に振りながら水の中に入っていきます。身を沈めている間は合掌して大祓詞《おおはらえのことば》（169ページ参照）を繰り返し奏上します。

はじめは冷たく感じても、大祓詞を唱えているうちに体の内側から暖かくなってきます。大祓詞を覚えていなければ、「祓《はら》へ給《たま》へ　清め給へ」や、「六根清浄」（172ページ参照）をくり返してもかまいません。

入る時は
「祓戸のおほかみ」と唱え
重ねた両手を上下に振る

また自分なりのオリジナルの詞、たとえば「私は私である」を唱えてもかまいません。

水の中でひたすら同じ文言を繰り返し唱えていると、クリアな変性意識状態になり、実に心身がスッキリします。

滝行

滝行は修験道でも行われていますが、修験で行なった時は、般若心経《はんにゃしんぎょう》を唱えました。一つのマントラを唱えると雑念が入る余地がなくなります。

温泉の打たせ湯のような滝の場合は問題ありませんが、少し勢いが強い場合は、落ちてくる滝によりかかるように、体幹をしっかり保つときれいに滝の中に入れます。

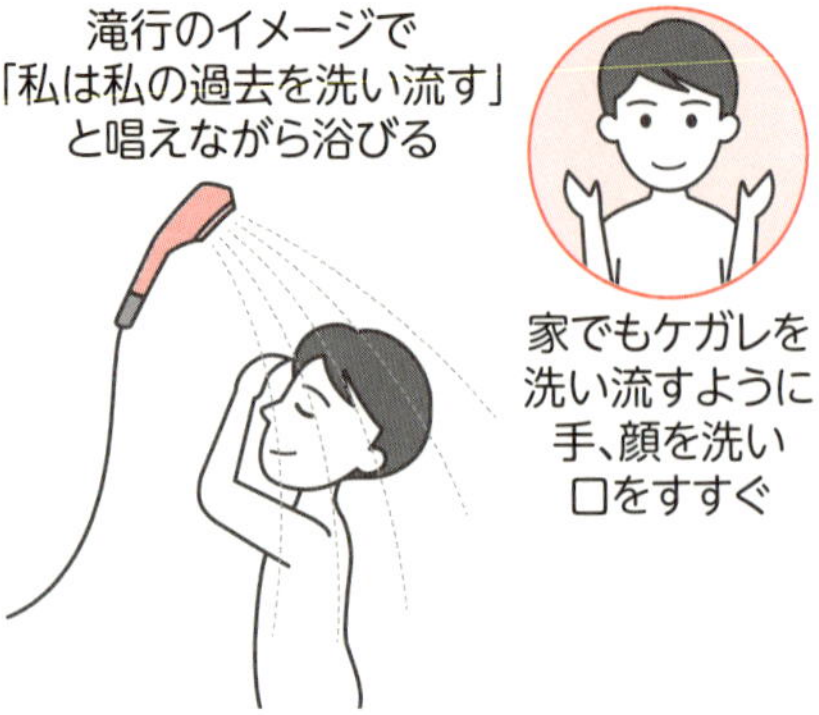
滝行のイメージで
「私は私の過去を洗い流す」
と唱えながら浴びる
家でもケガレを
洗い流すように
手、顔を洗い
口をすすぐ

体に水をかける。手や顔を水で洗い、口をすすぐ

神社にお参りに行く時、御手水《おちょうず》で手を洗い、口をすすぎます。これは神様にお会いする前に、自身を清める作法です。

同じように、家で、手を洗ったり顔を洗う時も、ケガレを洗い流す意図をもってください。

日常のルーチンを祓ひにしてしまいましょう。清浄な感覚、朝晩スッキリします。

それと同様、シャワーを浴びる時も滝行のイメージで、意識的な呼吸をして、準備をしたあと不要なものを洗い流してください。

「私は私の過去を洗い流す」と唱えながら浴びると、気のめぐりが絶対に良くなります。

清明水を「神水清明」と唱えながら
榊の葉を使って人や部屋にまく

水をまいて浄化する

水は浄化力が強いので、水をまくことで場が祓われます。

玄関に水を打つと、気がとても奇麗になることが実感できると思います。

清明水で浄化する

神道では浄化するためのパワフルな水「清明水」を使います。伊邪那岐神が小戸《おど》の阿波岐原《あわきはら》で禊をした海と同じ濃度の食塩水にお酒を入れたものです。

水４、お酒１、塩１の割合で混ぜると、だいたい海と同じ塩辛さとなります。

コップにつくった清明水を、榊の葉を使って、人や部屋にしずくをぱっぱっとまきます。

葉に祓いたいものを移し
息を吹きかけ
木の根元に埋める
不要なエネルギーを
足の裏から大地に流す

その時「神水清明」という言霊を繰り返しながら行いましょう。

ただこの清明水は、作ったその日に使いきります。

残った清明水は、湯船に入れるのがおすすめです。

⑤ 土の祓ひ

大地はすべてを吸収してニュートラルにしてくれます。

大地に直接はだしで立つ

アーシングとして多くの方が実践している方法ですが、祓ひを意識して、自分の中の不要なエネルギーを足の裏から大地に流すイメージをすると効果抜群です。

不要なものを土に埋める。

私はそばに形代を流す川がない時には、土に埋めて浄化します。土に還る材質のものに限られますが、植物の葉に祓ひたいものを移して、息を吹きかけて埋めるのもシンプルな祓ひの方法です。できれば木の根元に埋めるのがいいでしょう。

⑥ 塩の祓ひ

塩は水とともにその浄化力のパワーで、一番使われています。
海水と同じ濃度の清明水をご紹介しましたが、固形の塩そのものも使いやすく、また効果があります。

塩をまく

力士たちが自らと土俵を清めるため、粗塩をパッとまきます。エネルギー的には究極の陽のエネルギーと言われる塩は、ネガティブなエネルギーを祓うのです。

塩を舐める

力士は塩を舐めています。直接意図して塩を口にするのも古来からの方法です。

塩を盛る

お店の玄関の両脇などに、塩を三角に盛ったものを置いてあります。これも玄関を出入りする時、外からのケガレを浄化するためです。

お風呂に入れる

禊ぎと同じ、水とお塩で、一日の気枯れを浄化して、エネルギーチャージしましょう。

塩とアルコールで部屋を浄化する

これは特別編。古代の叡智に伝わる方法です。

用意するものは、

- 素焼きのボウルか儀式用の金属のボウル。儀式以外には使わないこと

- アルコールランプに使用する燃料用アルコール
- 海塩
- 熱くなるボウルを持つためのミトンか、タオル

これは儀式に使う場や、引っ越しをした時、セッションルームなどを浄化する時の方法です。

ボウルの底に海塩を山に盛って、そこにアルコールをかけます。

火をつけて、塩を燃やしながら、ボウルを手に持って、部屋を歩き、隅まで浄化します。家全体を浄化する時は、そのまま部屋から部屋へと回ってください。

これはゲリーに教えてもらった方法です。ゲリーが前に住んでいたアッシュビルの家を浄化した時のことです。部屋から部屋へとボウルを持って回っていると、2階の階段の付近で、びっくりするほど異様に炎が高くあがったそうです。

その場所は前の持ち主が亡くなっていた場所だそうで、まだ家にいるような気配があったと言っていました。

また、不動産を売買している会社の人が、いわゆる事故物件を売る時に、この方法で浄化していました。売る時には、その家で何があったのかを知らせるのが法律で決まっているそうです。この方法で浄化した時に、風が吹いて、カーテンに炎が移ってあわや火事になるところでした。

実際に行う時は、ボウルがとても熱くなるので、手を火傷しないように、そして、火事にならないように、十分に気をつけてください。

⑦ 精麻の祓ひ

塩でも水でも祓えないものを祓うといわれる精麻《せいま》です。神社や御神木のしめ縄や、お榊を結んだり、お正月飾りに使われている精麻。さわっているだけで不思議とすっきり

してきます。

精麻で祓う

神主さんがお祓いをする時に大幣《おおぬさ》というものを使います。まさにお祓ひの道具として、一番よく使われるものです。今は、紙の紙垂《しで》を使っていますが、幣とは麻の古語で、古来麻の幣を使っていました。

一般家庭では幣の代わりに、精麻を束ねた小さなはきという精麻ホウキが便利です。

自分で作ってみても楽しいです。

相手や自分の肩のあたりを左右左で祓ったり、石や浄化したいものを祓ってください。

精麻をなでる

お店でもネットでも精麻や、精麻でつくった飾りを買うことができます。我が家では、玄関のドアのところに、精麻飾りをかけてあります し、家中いたるところに、精麻がぶらさがっています。

帰ってきた時や気が向いた時に、胸の前で目を閉じて精麻をなでおろすと、ももやもや したものがスッキリします。

ほっとする時に「胸をなでおろす」という言葉を使いますが、まさにそんな安心感も 得られます。

触れているだけで浄化作用があるのです。

切り精麻をまく

精麻を細かい四角の形に切って、塩のようにまくことで浄化します。切り精麻といい ます。

精麻を縄のようによってみると、単純な作業ですが、意識が静かになります。

2本の麻は陰陽を象徴しているので、魂と肉体の統合を意図して、ひたすら単純作業 を続けると瞑想そのものになります。

また、しめ縄やお正月飾りは3本を使うので、魂霊体の三位一体を表しているのです。

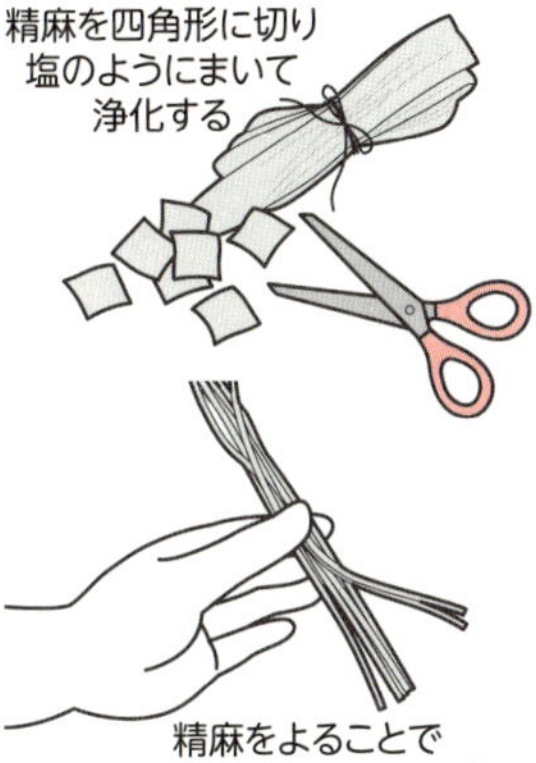
単純作業を続けることになり
瞑想になる

⑧ 太陽で開運する！ 太陽は天照大御神そのもの

火のエネルギーの究極のパワーが太陽です。天照大御神は日の神ですから、神道では太陽そのもののエネルギーを、儀式において、また日々の行において活用してきました。

単純に太陽の光を意識して全身にあびるだけでも十分な祓ひですが、神道で行われている太陽拝の行を三つご紹介します。

太陽の気は日の出の時が一番強いので、そのタイミングで東をむいて日拝行を行うのがベストです。

でも、街中に住んでいる場合、太陽が見えるころは、日の出からだいぶたってしまっている

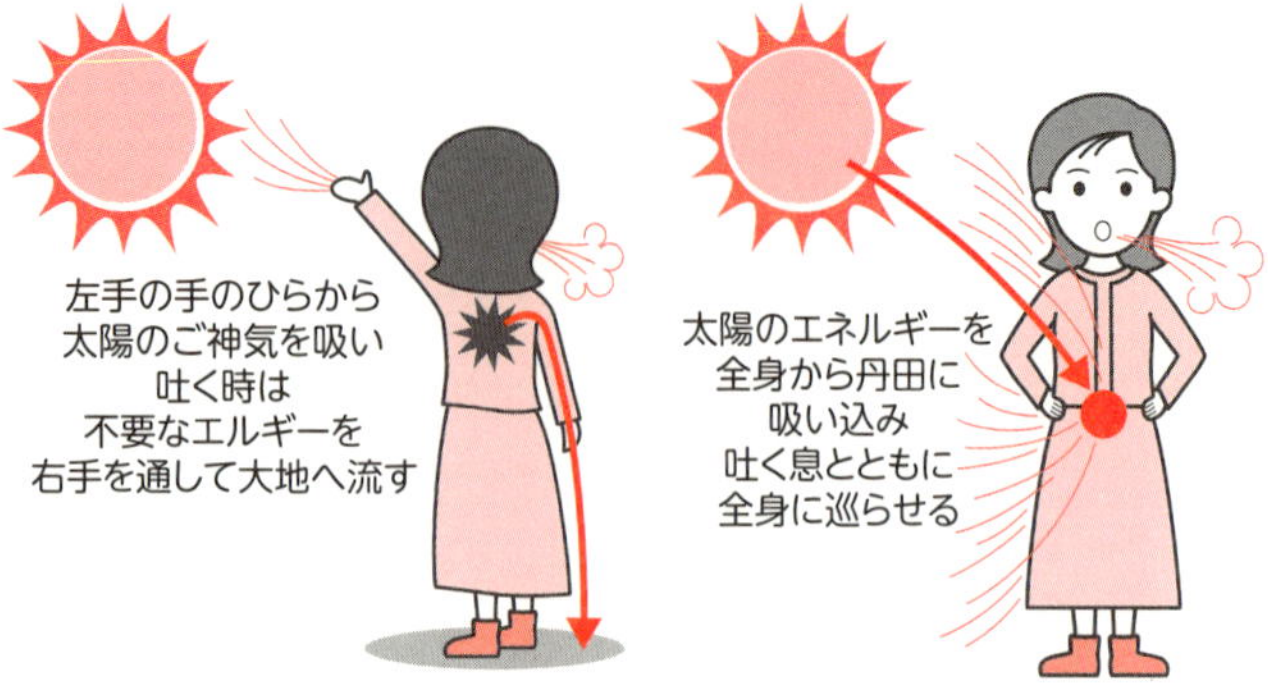
左手の手のひらから
太陽のご神気を吸い
吐く時は
不要なエルギーを
右手を通して大地へ流す
太陽のエネルギーを
全身から丹田に
吸い込み
吐く息とともに
全身に巡らせる

ので、できる範囲で、実際の太陽の光を感じながら行うといいでしょう。
実際に雨や曇りで太陽が見えない時や、家の中で行う時も、雲の上にある太陽を明確にイメージしながら実践してください。

太陽拝1

重篤な病気さえも癒してしまうという行です。

- 二拝二拍手。
- 太陽に向かい、気持ちを整えて、天照大御神の恵みとエネルギーにつながることを意識します。
- 二拝二拍手。
- 親指以外指4本をそろえ、親指は背中側にして両手を腰に置きます。
- 息吹永世（122ページ参照）を18回行います。

宝珠印を作り
第三の目の前に置く
印を通して
太陽のエネルギーを
頭の中心に向けて吸い込む
吐く息とともに
松果体から全身に
満たす

- 太陽のエネルギーを全身から丹田に吸い込み、吐く息とともに全身に巡らせます。
- 二拍手二拝して終わります。

太陽拝2

- 太陽に向かい、気持ちを整えて、天照大御神の恵みとエネルギーにつながることを意識します。
- 左手を上に手のひらを太陽の方に向け、右手は下にさげて大地に向けます。
- 息吹永世を行います。
- 吸う時は左手の手のひらから、太陽のご神気を吸い込み、吐く息とともに、体の中の不要なエネルギーを右手を通して大地へ流します。エネルギーが活性化するのを体感できるでしょう。

満月の下で
呼吸を整え
全身の細胞を
月光で満たす
満月の光で
物を浄化する

太陽拝3

- 両手の親指と人差し指を合わせて、三角形の宝珠印を作り、おでこの第三の目の前に、太陽に向けて置きます。
- 印を通して、太陽のエネルギーを第三の目から、頭の中心に向けて吸い込みます。
- 日の出直後だったら、目をあけて両目からも吸い込んでください。
- 吐く息とともに、松果体から全身に太陽のエネルギーを満たします。
- 最後に両手を背中から腎臓にあてて、終わります。

第三の目を開くのに有効です。

⑨ 月の開運法

月は月読命の波動です。

太陽の光を受けて輝く月は、特に満月の時が浄化のパワーが最大になります。

- 満月の光で物を浄化する。特にクリスタルや石を月光の下に一晩おいて、浄化とエネルギーチャージを行う。
- 満月の光の下で、呼吸を整え、全身の細胞を月光で満たします。

満月の光にはヒーリング、つまり張霊効果があります。

⑩ 香祓ひ

香りにもすばらしい力があります。

お香をたくことで、邪気を祓ひ、聖なる存在たちを呼ぶことができます。

白檀が特に使われますが、さまざまな香りのお香も同様の効果があります。

- 海外のシャーマンたちは、スマッジングといってセージの葉に火をつけて、煙と香りで祓ひます。
- 塗り香といって、細かい粉のお香を自分の手につけて自祓ひをします。

神社で手水がない場合に便利です。

⑪ 花祓ひ

● 花は天地をつなぐ存在であり、花のエネルギーは場を整え波動をあげます。
できれば室内に生花を絶やさないようにしましょう。

⑫ 印で行う祓ひと開運

手は自分の精神、マインドそのものと言われます。怒った時には拳を握りしめたり、いらいらした時に指で机をトントンしたり……。

印を組むことで、全身の気の流れを変えることができます。印は物理的肉体に大きく影響を与えます。

次にご紹介する三つの印は、不要なものを祓ひ魂魄《こんぱく》統合を促す、すばらしいツールです。合掌もすばらしい印の一つです。天之咲手印《あめのさきていん》と神人合一印《しんじんごういついん》は同じ印です。

それぞれの印を組んで深くゆっくりと完全呼吸をしましょう。風の祓ひのところでご紹介した呼吸法と組み合わせるのがおすすめです。

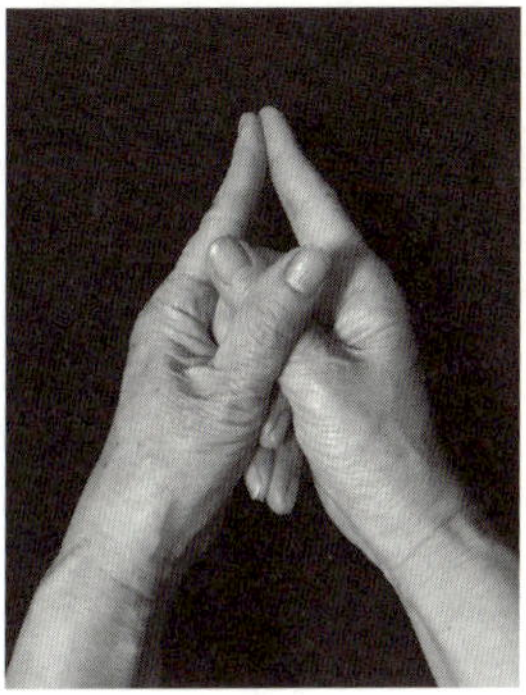

鎮魂印

また、祝詞とともに使ってみましょう。

集中して行うなら、3分でも5分でも大丈夫です。

●天《あめ》之《の》咲《さき》手《て》印《いん》「十言《とこと》の神咒《かじり》」の祝詞と使います（168ページ参照）。

●神《しん》人《じん》合《ごう》一《いつ》印《いん》、あるいは金剛印とも呼ばれ、空海がよく用いたことで知られています。

両手の指先を少しひらいて合掌したあと、右手を少し手前にひいて、左右の指が軽く交互になるように胸の前でかまえます。

●鎮魂印

体から離れてしまっている魂を丹田に戻す魂魄合一するためにピッタリの鎮魂印です。

写真を参考に組んでみましょう。

左手の小指を下に、中指から小指の3本ずつを背中合わせに組みます。

人差し指の腹を合わせて立てます。左手の親指で右手の親指を軽くおさえます。

ハートの前で組んでみましょう。

立てた人さし指が天と大地をつなぐアンテナの役割をします。ですから少し肘をはって胸をひらき、指がまっすぐ天をさすようにかまえてみましょう。

背筋をのばして目を閉じて、深く呼吸してください。

いかがでしょうか。この印を組んだだけで、内側が整ってきませんか。

気の流れがスムーズになり、あなたの魂と体が一つになっていきます。

●鎮魂帰神印

鎮魂印をさらに発展させた形の鎮魂帰神印です。

鎮魂をした上で、さらに深い意識状態をもたらす印です。

古神道のご神事の時に、審神者《さにわ》とともに、神様のエネルギーを実際に体におろす「神がかり」の状態をつくる時には、この印を組みます。

組み方は、鎮魂印を組んだあと、右手の中指と親指、左手の中指と親指の先を結び、重なる輪にします。

鎮魂印と同様に、胸の前で人差し指で天を指して構えます。

この印は、第三の目を開き、松果体を活性化する時、神様からのメッセージを直接受け取りたい時に組むとよいでしょう。

⑬ 音祓ひ

音は波動で、実際にその場のエネルギーを動かします。

●柏手で祓う　両手を打つ柏手は、陰陽が出会うビッグバンの音です。いつでもどこでもできるので、自分や場の浄化に最高です。

●鈴で祓う　神社では鈴を神具として、祓ひに使います。大幣と同じです。
小さな鈴もバッグにつけると音祓ひができます。

⑭　**銭祓ひ**

古神道に伝わる方法で銭、コインを投げる方法です。まるで銭形平次。

神社仏閣にお参りする時に、銭を人差し指と親指を使って飛ばし、厄払いをするという方法です。神社では白い銭、お寺では赤い銭と伝えられていますが、今は500円玉も含めてほとんどが白い銭。赤い銭は昔と違って10円のみですので、気にしないでお賽銭を祓ひを意図して飛ばしてください。

静かに賽銭箱に入れましょうとおっしゃる方もいますが、すべてご自分の意図。

銭を飛ばした時になるチャリンという音で、音祓ひができるという考えもあります。

⑮　**笑いで開運　「笑う門には福きたる！」**

私のモットーは「お笑いはお祓ひ！」
笑う門には福きたる。まさに開運のキーワードは笑いです。

天照大御神を岩戸から出すきっかけを作ったのは、外から聞こえてくる、神様たちの楽しそうな笑い声！　笑う時に口角が上がりますよね。

口角が上がると頭頂のチャクラが開き、天の気がたくさん降りてくるのです。

またファイアブレスという、気を身体にチャージするすごいヨガの呼吸法がありますが、笑っている時と同じ腹筋を使うのです。


また、生理学的にも、泣く時と笑う時の表情筋はほとんど変わらないことがわかっています。確かにあんまり笑いすぎると涙が出てきます。

つまり涙でリリースできるエナジーは、笑いでも同じようにリリースできるということです。科学的にも、すごい効果が証明されている笑いは、いつでもどこでも無料！


東大阪の枚岡《ひらおか》神社では、「注連縄掛《しめかけ》神事」、別名「お笑い神事」が毎年12月に行われます。あっはっはと参加者全員で20分笑いつづけるというめずらしいご神事です。

心からの笑いは真にお祓ひです。

目から涙が流れんばかりに大笑いしている時、過去も未来も消えて、今、この瞬間をエンジョイしているからです。

あ、この文章を書いていて気がつきました。

「あはは」という音ですが、インドに伝わる古代の叡智では、「あー」は第三の目のチャクラ、「はー」は喉のチャクラの波動の音です。

上位チャクラを開くにも、大口をあけて笑いましょう。

⑯ 儀式で開運する

季節の儀式を楽しむ

神道と儀式についてちょっと考えてみましょう。祈年祭・神嘗祭・新嘗祭・煤払い・大祓・月次祭など、伊勢神宮をはじめ各神社では年間を通じてさまざまな儀式が執り行われています。

『日本書紀』に天照大御神が天の稲穂をお孫さんである邇邇芸命《ににぎのみこと》に授けられたことが記され、そこから日本が始まったとされています。

稲は私たちにとっての「命根」です。

春になると先祖の霊が山から下りてきて田の神様となって田んぼを守り、稲刈りが終わると山に戻って、山の神様になると信じられていました。

春には豊作を祈る「祈年祭《としごいのまつり》」、田植えの前には神様を迎える「御田植神事《おんたうえしんじ》」などが行われています。

宮中でも、天皇陛下がその年の五穀の収穫を感謝され、神々とともにそれをいただく「新嘗祭《にいなめさい》」が行われます。かかしも久延毘古《くえびこ》というなんでも知っている神様ですし、田んぼに立てられたかかしは、山の神様が降りてこられる依代の役割も果たしています。

このように2000年近く、私たちは稲の収穫のサイクルにしたがって、神様との絆を育ててきました。

古神道の源である古代レムリアの時代は、それぞれ、太陽のめぐりと植物のサイクルに合わせて、重要な儀式が行われてきました。春分秋分や夏至冬至などには世界中で大切な儀式やお祭りが行われます。

仏教でも、お彼岸は亡くなった御先祖様が戻ってくると言われるように、次元の境目が薄くなるのです。

	4	9	2	15
	3	5	7	15
	8	1	6	15
15	15	15	15	15

このように、季節の節目や植物のサイクルにそって、正式な儀式の形ではないけれど、現代でも行われている年中行事は、レムリア時代の流れをくむ神道由来のものが多いです。**めぐる季節や24節気を意識して過ごすことが、神様との絆を強めます。**

節分や雛流し七夕などの行事は、もうそれぞれのものの目的が祓ひです。

年中行事に使われるもの、門松や鏡餅などすべてに意味がありますし、中秋の名月にお供えするススキは依代、月見のおだんごは、収穫の季節にお月様に見立てたお団子をお供えして神様に感謝する行事です。

お団子は15個でピラミッド形にするのですが、15という数字は古神道を極められた小林美元先生によれば、神道霊学の基本となる数霊です（古神道入門　評言社）。

4000年前の中国の河図洛書の中に、治水の時に水から現れた神亀の甲羅に描かれていた図が記されています。それはどこを足しても15になる魔方陣です。15の数霊とこの並びで、宇宙のすべてが表されるそうです。

七五三縄と書いて、しめなわと読むのも興味深いです。

亀の甲羅に描かれていたなんて、想像するだけでもワクワクしませんか！

このように、古代から伝わる叡智を紐解きながら、季節の行事を取り入れて、実際に神様とつながりながら開運しましょう。

パワフルな神道の儀式　御鏡御拝

この国では、このような季節ごとの儀式のほかにも、家を建てる時には地鎮祭、井戸を埋める時の井戸祓ひなど、水や大地、すべてに宿る神々を大切にしてきました。

天皇が一年のはじめに行うとされる四方拝などの儀式内容は公にはされていませんが、

古神道にも天皇陛下が行なっていたとされる儀式が伝えられています。

この中で、魂魄統合して開運に直結する儀式が「御鏡御拝」です。現在も宮中で行われているのかどうかは定かではありませんが、古神道のエッセンスを取り入れて、ぜひ日々行なってみましょう。

日常でできる御鏡御拝（自神拝）のやり方

自分の顔が映る鏡を使います。神道では鏡は神様の依代となります。天照大御神のエネルギーを宿している御神体は八咫鏡《やたのかがみ》です。鏡にうつる自身を拝し、私たちに宿る直霊、内なる神をとおして、大元の神である天御中主と共鳴共振する儀式です。

ご自身の家の中で聖域をつくってじっくりと行うのもすばらしいのですが、朝、洗面所で洗顔する時に少し時間をとって行うのも素敵な一日の始まりとなります。

朝、洗顔して歯磨きをしたあと、口をゆすいで準備します。

● 鏡に向かって、息吹永世の呼吸法、または深呼吸を数回して、自分の内側の中心意識

鏡に向かって息吹永世の呼吸法を数回して
自分の内側の中心意識に入っていく

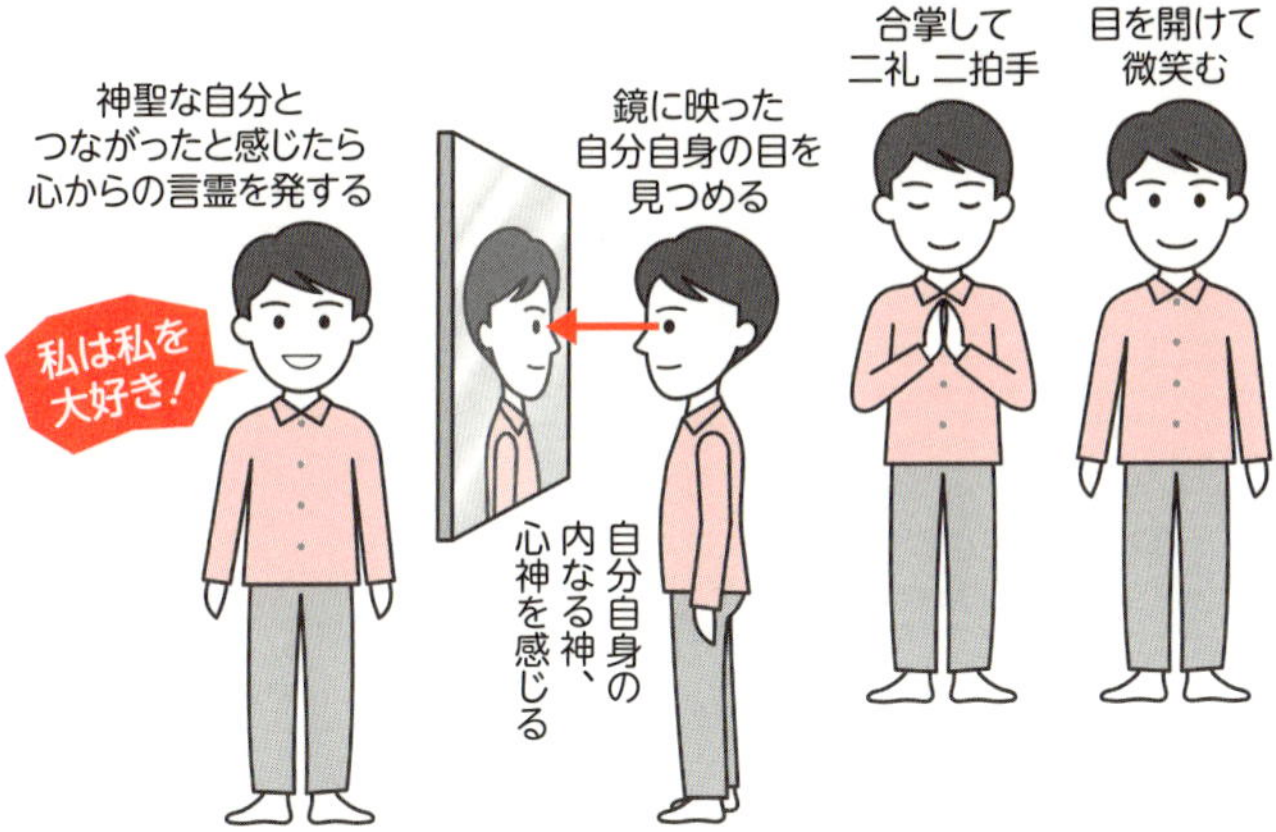
目を開けて
微笑む
合掌して
二礼 二拍手
鏡に映った
自分自身の目を
見つめる
自分自身の
内なる神、
心神を感じる
神聖な自分と
つながったと感じたら
心からの言霊を発する
私は私を
大好き！

に入っていきましょう。

●目を開けて、微笑みます。儀式のスタートです。

●合掌して二礼二拍手。

●深くゆっくりとした呼吸をしながら、鏡に映った自分自身の目を見つめます。一切の裁きをせず、目を通して目の奥、存在の奥に輝く、自分自身の内なる神、心神を感じてください。

●神聖な自分とつながったと感じたら、心からの言霊を発します。

つながりを体感することが一番の目的なのですが、それを強化するのが言霊です。

自分をまるごと受け入れること、自分を愛することを表現する言葉を選びましょう。

「私は私を大好き！」といったカジュアルな言葉でもＯＫです。三階建ての自分の腹から出すとエネルギーがのります。

●二拍手二拝で終わります

この儀式で唱える言霊ですが、自分が体現したいエネルギーを「私は」のあとに続けてもかまいません。これは次の章の言霊のところでも詳しくお伝えしますが、「私は」のあとに続く言葉は具現化します。

「私は私」「私は喜び」「私は感謝」「私は真理」などもいいでしょう。気持ちをこめて唱えます。口に出したほうがパワフルです。

古代の日本では「みたまのふゆ（御霊の布由）」という言霊があります。

先祖や神々の恵みをうけて、魂がふるえ豊かになっていくことを表す言霊です。

自分の目の奥を見て感じながら、**「みたまのふゆ、かがやきませ」**と唱える人たちもいます。

ここはクリエイティブになりましょう。

頭で考えるのではなく、無理せず自然に出せる言葉選びます。

あなたが自分の世界の天御中主です。

どうか忘れないでください。内側も外側も自分自身だということを。

⑰ そして、実際に部屋をお掃除しましょう

最初に「祓ひはお掃除だ」と申し上げました。内と外とは連動しています。

実際に住んでいる場所、身の回りを整えましょう。

お掃除は「断捨離」とか「片付け学」とか言われ、一つの大きなテーマです。

結局は魔女が使う箒はお掃除する道具なのです。一つの引き出しを片付けると、すっきりして、リアルに身軽になった感覚がありますよね。

ただ、実際の片付けは、正直あまり得意ではない私は、この分野は他の方にお任せしようと思いますが、物のエネルギーについてお伝えしようと思います。

人間も身体だけの物質ではないように、物……たとえば椅子や机、机の上に置いてあ

る小物たちすべてがエネルギー体です。第三の目と呼ばれる視覚が開いてくると、物質の輪郭だけではなく、エネルギー体までわかります。

ごちゃごちゃした机の上をエネルギー視点で眺めてみたらどんな感じか、ちょっと想像してみてください。すごいことになっていませんか。ましてや乱雑に物が積まれたクローゼットの中なども。

気が自由になめらかに、または勢いよく流れていることが、開運に直結しています。 高層ビルが立ち並ぶ中国上海ですが、現代でも建物や地域の設計には風水師が関わるそうです。

普段、生活をしている家の中の気の流れはとても大切です。人生の時間の少なくとも4分の1を過ごしている寝室も。自分の部屋や家、庭であるなら、自分で変えることができます。

風水も参考にするとよいでしょう。理にかなっているからです。

でも個人的には、私は自分自身のセンサーが最高だと思っています。

私たちは、普通に「心地いいか悪いか」を感じることができます。私たちの動物の部分の感覚は鋭敏だからです。

昔、家相が悪いからと引っ越しした部屋の一つの窓を、板で打ちつけて覆ってしまった人がいました。私は窓をふさぐほうが自分の気持ちがふさぐ気がしましたが、もちろん、心からの信念が現実化するので、その方にとっては良い住まいになったと思います。

そう、ここが一番大事なポイントです。

あなた自身がさわやかで気持ちがいいなら、ＯＫ！

でもさらに自身を祓っていけば、感覚もさらに拡大して、「超感覚」が身についていき、エネルギーがクリアにわかるようになります。

まずは自分が感じることを大切にしましょう。

第９章の「龍神様や龍のエネルギーとつながる方法」の章で、龍を召喚して、あなたの家の中の気の流れをチェックしてもらう瞑想法をご紹介しています。

ぜひぜひ、龍にチェックしてもらってください。何が気の流れをストップしているのか、よくわかりますよ！

すべてに意図が大切です

祓ひと開運についてのこれまでのまとめです。

まず、**どんな祓ひや儀式にも、意図が重要です。**明確に手放したい時には、どのエネルギーを手放したいか、きちんと意識することです。

明確でない場合には、「私が私自身になることを妨げているエネルギーをすべて手放します」という言葉を唱えると良いでしょう。

そして、祓ひや儀式が終わったあとは、お手伝いをしてくれた神々、精霊たち、水であれば水の神に、大地の神に心からの感謝を伝えます。

「弥栄《いやさか》!」という言霊に思いっきり感謝と喜びの波動を込めて唱えましょう。

最初にお話ししたように、真摯に誠実に集中して行うことです。

この意図、感謝、真摯さの三つのポイントを意識すれば、どんどん祓われ、魂魄《こんぱく》がひとつになり、運が開けていくに違いありません。

第7章

言霊の祓ひ！
言霊と祝詞

日本語は特別な言葉

日本語は世界の言語の中でも特別な言葉です。

日本には言霊の思想が深く根づいています。

言葉が持つ霊的な力に、レムリアの時代から気づいていました。

言葉は言波・九十波です。

創生神話には音から始まるものが多く、音は波動であり、すべては振動から生まれたと言えます。雷は神鳴り、神成りで、古事記もまた、音、振動からすべてが始まったことが示されています。


日本、やまとは「言霊のさきわふ国」、言葉即神であり、一文字一文字、一音一音に神が宿っているという考え方が土台になっています。どんな言葉も口に出して唱えるだけで、その音の持つ響きと、そこにのせられた意図は永遠に宇宙を振動させるのです。

まず日本語の音の成り立ちをみましょう。

アイウエオの五つの母音とｋｓｔｎｈｍｙｒの八父音が合わさり、子音が生まれたとされています。

父母のエネルギーが統合して、言霊という子供が生まれたという三位一体の考えかたです。

母音は天のエネルギー、父音は大地のエネルギーで、母音以外の音も唱え続けると必ずアイウエオのどれかの音になります。つねに土台には天の波動が響いています。

子音はこの物理的な世界の現実の波動を表します。

『言霊百神』（七沢研究所）という小笠原孝次氏の著書によると、天御中主「ウ」は、人や生命が発する始原の音で、すべての根源の響きとされています。

天地陰陽に分かれた時に生まれた高《たか》御《み》産《む》巣《す》日神《ひのかみ》は「ア」、神《かみ》産《む》巣《す》日神《ひのかみ》は「ワ」。

五十音には今は発音されなくなった、反母音のヰやヱがあります。

母音のアイウエオは陽＝魂のエネルギー

反母音のワヰウヱヲは陰＝物質のエネルギー

この10音に挟まれた40の子音を足した音、あ行とわ行の間に、すべてのこの世界が表されています。ウ音は両方の行に存在していますね！

日本語の波動は、母音も子音も神そのものであり、神の国に直結していると。

ですから、日本語を話しているだけで魂魄統合が自然に促されるのでラッキーだと、師であるゲリー・ボーネルが言っていました。

日本語は天地をつなぐ言霊　だからこその最強の祓ひ！

最初に申し上げたように、これからは喉のチャクラが統合ポイントであること。

そして日本語の言波がそれだけで最強ツールであること。

この二つの要素から言っても、**これからの祓ひは言葉を使えばいい！**　と思われたのではありませんか。


祝詞は、岩戸開きの時に、祝詞と言霊の神、天児屋命《あめのこやねのみこと》が唱えたのが始まりと伝えられています。数えきれないほど唱えられてきた数々の祝詞は、言霊パワーの上に、これまでずっと続けられてきた無数の意乗りで、さらにエネルギーが拡大しています。

ここではおすすめの祝詞をご紹介していきますが、最初に普段使う言葉もまた、祓ひに使えることをお伝えします。

まず日常から言霊を使って祓う

前に、偽物の謙遜の言葉はこれから使わないようにしましょうと書きました。具現化したら困るからです。

口に出す言葉は諸刃の剣、つまり、自分のヴィジョンや意図をのせた言葉は、張霊と統合エネルギーをチャージしてくれます。

日本語は日常会話の中で、「どこ行くの?」「うどんがいい!」など、主語が省かれることがとても多い言語です。これは、ベースに森羅万象とつながっている日本人の「個は全体」的感覚が影響しています。

言霊パワーを使いこなす時には、主語の「私は」をつけることが最重要です。

古代の叡智では、「私は」のあとに続く言葉は、具現化することが伝えられています。

ちょっと気持ちがバランスをくずした時など、目を閉じて完全呼吸をして、御神気を全身にとりいれたあと、自分の好きな言霊を三度、口に出して言ってみましょう。そしてその言霊エネルギーが全身を満たす感じがするまで心の中で唱えます。

「私はバランス」「私は中心」「私は私」などはいかがでしょう。「私は健康」「私は明晰《クリア》」などもおすすめです。「私は」のあとに続く言霊の波動を、自分自身が生きる！　という覚悟と意図を持ちます。

歩きながら、吸う息とともに「私は」吐く息とともに「私」と唱えれば、動く瞑想になります。じっとすわっていることが苦手な方も、足の感覚を感じながらやってみると、瞑想が得意になりますよ。

使う言葉は、現実化の時のルールと一緒です。「黄色いお猿を考えるな」と言われたら、真っ先に浮かぶのが「黄色いお猿」でしょう。つまり**否定系は使わないこと、病気のような望まない波動の言葉も避けたほうがいいです。**

たとえば、「私は病気にならない」などはＮＧです。

普段から言霊パワーを使うことによって、話す言葉を意識できるようになります。会話の隙間を埋めるためのおしゃべりも減ることでしょう。

それでは祝詞を唱えましょう!

パワフルな祝詞はたくさんあります。祝詞の意味を理解することは覚えるためには役立ちますが、一音、一文字に神が宿っているということを理解して、音を大切に、無心に唱えてください。

古神道では、一音一音を丁寧に、あまり抑揚をつけずにモノトーンで唱えよと伝えられています。

また現在の神社庁で唱えているものと、古神道の祝詞では、文言が違うものがあります。私は大祓詞は現代のものを唱えていますが、ご自身でどちらを唱えるかは決めてくださいね。

祝詞を唱える時の作法

儀式の作法は、場と自分自身のエネルギーを整えるためには大変意味があります。

祝詞は誰が、いつ、どこで唱えても良いのですが、自分だけで唱える時も、息吹永世を行い、鎮魂を意図してから唱えましょう。

祝詞を奏上する時の作法は、神道では次のように決まっています。

- 呼吸を整え、自分の中心とつながる
- 15度軽く頭をさげる。これを小揖《しょうゆう》といいます
- 左右左と3歩で神棚の前に進む
- 45度の礼を一度　深揖《しんゆう》
- 90度の拝を二度　背中をまげないように体をすっと折る
- 二拍手
- 祝詞奏上

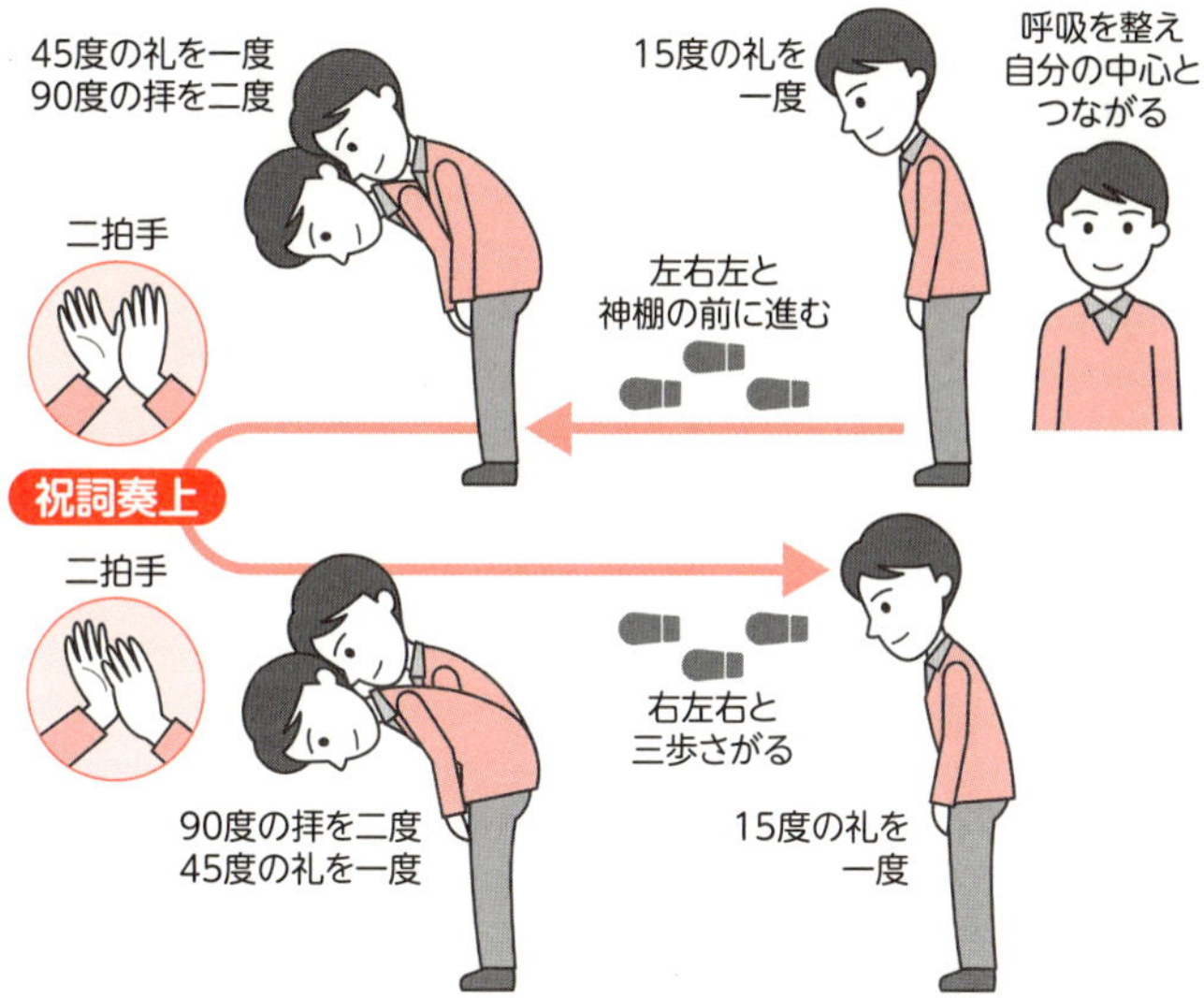

- 二拍手
- 90度の拝を二度
- 45度の礼を一度
- 右足から、右左右と後ろに3歩さがる
- 15度の礼を一度

まずはもっとも一般的に、神社に参拝する時に唱える祝詞から。

略拝詞

神社参拝の時に一般的に唱えられるのは短い略拝詞です。

「○○の大神様、祓《はら》え給《たま》い、清《きよ》め給《たま》え、神《かむ》ながら、守《まも》り給《たま》い、幸《さきわ》せ給《たま》え　弥栄《いやさか》」

次は、覚えるのも行うのも簡単なのに、

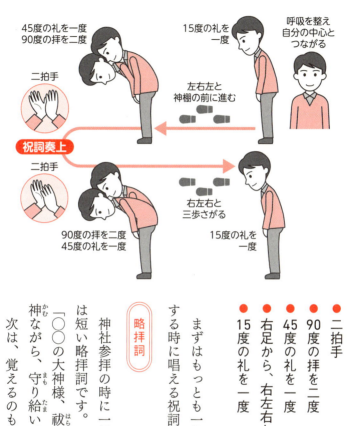

私たちの中と外の双方に望む変化をもたらす素晴らしい祝詞です。

天照様のご神名を唱えることで、私たち自身が太陽神である天照大御神のエネルギーそのものと合体します。

十言は「あまてらすおほみかみ」の十音のことです。オオミカミではなくオホミカミと唱えてください。

◆十言神咒《とことのかじり》

天咲手印《あめのさきていん》（神人合一印《しんじんごういついん》）を組んで唱えます。

天の息（あめのおき）
地の息（つちのおき）
天の比禮（あめのひれ）
地の比禮（つちのひれ）
天照大御神（あまてらすおほみかみ～）を10回

天照様の御神名は、最低10回唱えます。
最初の3回は口に出して、あとは心の中でもかまいません。

ご神名は、一文字一文字、ゆっくりと伸ばして唱えましょう。

次はいよいよ大祓詞です。

◆大祓詞

祓ひに特化しているのは「大祓詞」です。1300年以上、日本で唱えられてきた言霊で、6月と12月の大祓ひのご神事の時は、全国の神社で唱えられている祝詞です。

これは真摯に無心に唱えるなら、その人にとっての最適化が起こる神道では、最もパワフルだと言われる言霊です。ゆっくりと唱えると、7分ほどかかります。

毎朝、神棚があればその前で唱えてください。

禊ぎや滝行の時に唱えるのもこの祝詞です。

大祓詞

高天原《たかまのはら》に神留《かむづま》り坐《ま》す　皇《すめら》が親《むつ》神漏岐《かむろぎ》　神漏美《かむろみ》の命《みこと》以《も》ちて　八百萬《やほよろづの》神等《かみたち》を神集《かむつど》へに集《つど》へ賜《たま》ひ　神議《かむはか》りに議《はか》り賜《たま》ひて　我《あ》が皇御孫命《すめみまのみこと》は　豊葦原水穂國《とよあしはらのみづほのくに》を　安國《やすくに》と平《たひら》けく知《し》

ろし食《め》せと　事依《ことよ》さし奉《まつ》りき　此《か》く依《よ》さし奉《まつ》りし國中《くぬち》に　荒振《あらぶ》る神等《かみたち》をば　神問《かむと》はしに問《と》はし賜《たま》ひ　神掃《かむはら》ひに掃《はら》ひ賜《たま》ひて　語問《ことと》ひし磐根《いはね》　樹根立《きねたち》　草《くさ》の片葉《かきは》をも語止《ことや》めて　天《あめ》の磐座放《いはくらはな》ち　天《あめ》の八重雲《やへぐも》を　伊頭《いつ》の千別《ちわ》きに千別《ちわ》きて　天降《あまくだ》し依《よ》さし奉《まつ》りき　此《か》く依《よ》さし奉《まつ》りし四方《よも》の國中《くになか》と　大倭日高見國《おほやまとひだかみのくに》を安國《やすくに》と定《さだ》め奉《まつ》りて　下《した》つ磐根《いはね》に宮柱《みやばしら》太敷《ふとし》き立《た》て　高天原《たかまのはら》に千木《ちぎ》高知《たかし》りて　皇御孫命《すめみまのみこと》の瑞《みづ》の御殿《みあらか》仕《つか》へ奉《まつ》りて　天《あめ》の御蔭《みかげ》　日《ひ》の御蔭《みかげ》と隠《かく》り坐《ま》して　安國《やすくに》と平《たひら》けく知《し》ろし食《め》さむ國中《くぬち》に成《な》り出《い》でむ天《あめ》の益人等《ますひとら》が　過《あやま》ち犯《をか》しけむ種種《くさぐさ》の罪事《つみごと》は　天《あま》つ罪《つみ》　國《くに》つ罪《つみ》　許許太久《ここだく》の罪出《つみい》でむ　此《か》く出《い》でば　天《あま》つ宮事《みやごと》以《も》ちて　天《あま》つ金木《かなぎ》を本打《もとう》ち切《き》り　末打《すゑう》ち断《た》ちて　千座《ちくら》の置座《おきくら》に置《お》き足《た》らはして　天《あま》つ菅麻《すがそ》を本刈《もとか》り断《た》ち　末刈《すゑか》り切《き》りて　八針《やはり》に取《と》り辟《さ》きて　天《あま》つ祝詞《のりと》の太祝詞事《ふとのりとごと》を宣《の》れ

此《か》く宣《の》らば　天《あま》つ神《かみ》は天《あめ》の磐門《いはと》を押《お》し披《ひら》きて　天《あめ》の八重雲《やへぐも》を伊頭《いつ》の千別《ちわ》きに千別《ちわ》きて　聞《き》こし食《め》さむ　國《くに》つ神《かみ》は高山《たかやま》の末《すゑ》　短山《ひきやま》の末《すゑ》に上《のぼ》り坐《ま》して　高山《たかやま》の伊褒理《いほり》　短山《ひきやま》の伊褒理《いほり》を掻《か》き別《わ》けて聞《き》こし食《め》さむ　此《か》く聞《き》こし食《め》してば　罪《つみ》と云《い》ふ罪《つみ》は在《あ》らじと　科戸《しなど》の風《かぜ》の天《あめ》の八重雲《やへぐも》を吹《ふ》き放《はな》つ事《こと》の如《ごと》く　朝《あした》の御霧《みぎり》　夕《ゆふべ》の御霧《みぎり》を　朝風《あさかぜ》　夕風《ゆふかぜ》の吹《ふ》き拂《はら》ふ事《こと》の如《ごと》く　大津邊《おほつべ》に居《を》る大船《おほふね》を　舳解《へと》き放《はな》ち　艫解《ともと》き放《はな》ちて　大海原《おほうなばら》

に押《お》し放《はな》つ事《こと》の如《ごと》く　彼方《をちかた》の繁木《しげき》が本《もと》を　焼鎌《やきがま》の敏鎌《とがま》以《も》ちて　打《う》ち掃《はら》ふ事《こと》の如《ごと》く遺《のこ》る罪《つみ》は在《あ》らじと　祓《はら》へ給《たま》ひ清《きよ》め給《たま》ふ事《こと》を　高山《たかやま》の末《すゑ》　短山《ひきやま》の末《すゑ》より　佐久那太理《さくなだり》に落《お》ち多岐《たぎ》つ　速川《はやかは》の瀬《せ》に坐《ま》す瀬織津比賣《せおりつひめ》と云《い》ふ神《かみ》　大海原《おほうなばら》に持《も》ち出《い》でなむ　此《か》く持《も》ち出《い》で往《い》なば　荒潮《あらしほ》の潮《しほ》の八百道《やほぢ》の八潮道《やしほぢ》の潮《しほ》の八百會《やほあひ》に坐《ま》す速開都賣比《はやあきつひめ》と云《い》ふ神《かみ》　持《も》ち加加呑《かかの》みてむ　此《か》く加加呑《かかの》みてば　氣吹戸《いぶきど》に坐《ま》す氣吹戸主《いぶきどぬし》と云《い》ふ神《かみ》　根國《ねのくに》底國《そこのくに》に氣吹《いぶ》き放《はな》ちてむ　此《か》く氣吹《いぶ》き放《はな》ちてば　根國《ねのくに》　底國《そこのくに》に坐《ま》す速佐須良比賣《はやさすらひめ》と云《い》ふ神《かみ》　持《も》ち佐須良《さすら》ひ失《うしな》ひてむ　此《か》く佐須良《さすら》ひ失《うしな》ひてば　罪《つみ》と云《い》ふ罪《つみ》は在《あ》らじと　祓《はら》へ給《たま》ひ清《きよ》め給《たま》ふ事《こと》を　天《あま》つ神《かみ》　國《くに》つ神《かみ》　八百萬《やほよろづ》神等共《かみたちとも》に　聞《き》こし食《め》せと白《まを》す

さらに同様に強烈でパワフルな祝詞をご紹介していきます。
実際に唱えてみて、ご自身の体感で唱える祝詞を選んでください。

◆天津祝詞

ご祈禱をしていただく時、儀礼の最初に必ず唱えられる祝詞です。
ご自分自身の儀式的ワークをする時など、最初に唱えるといいでしょう。

また、神社に参拝する時に、ご自身を祓って神様と純粋なエネルギーでつながるために唱えてください。

掛（かけ）まくも畏（かしこ）き　伊邪那岐大神（いざなぎのおほかみ）
筑紫（つくし）の日向（ひむか）の橘（たちばな）の
小戸（おど）の阿波岐原（あはぎはら）に
禊祓（みそぎはら）へ給（たま）ひし時（とき）に成（な）りませる
祓戸大神等（はらへどのおほかみたち）
諸諸（もろもろ）の禍事　罪　穢有（まがごとつみけがれあ）らむをば
祓（はら）へ給（たま）ひ清（きよ）め給（たま）へと
白（まを）す事（こと）を聞食（きこしめ）せと
恐（かしこ）み恐（かしこ）みも白（まを）す

◆六根清浄大祓

天照大御神ご自身のお言葉として語られるこの祝詞は、意味もわかりやすく私は大好きです。これは修験道でも唱えられています。

天照大御神は、私たち一人ひとりの中に存在している。だから、自分自身を卑下したり傷つけたりすることは私（天照さま）を傷つけることであるという内容の言霊です。五感に惑わされることなく、本質を中心（なかごころ）で知ること。

神も人もすべて万物同根であるから、願ったことは必ず叶うというすばらしい内容です。

この祝詞の最後の以下の二行は独立して「一切成就祓（いっさいじょうじゅのはらい）」と呼ばれ、これを唱えるだけでも十分に祓われます。短いのでパワフルでありながら唱えやすいです。元は伊勢神宮で大変大切にされている祝詞で、14世紀ごろから唱えられています。後悔や失敗も、祓って流せば気は枯れない。私たちの体も心も清いのだという意味です。玉垣は神社のお社を囲む囲いですが、ここでは、内側に直霊を備えた私たち人間のことを意味しています。

極《きわ》めて汚《きたな》きも滞《たま》りなければ　汚《きたな》きものはあらじ。
内外《うちと》の玉垣《たまがき》　清《きよ》く浄《きよ》しと申《まう》す。

六根清浄大祓のあとに続けて、三種御神言御祓《さんしゅごしんごんおんはらへ》も続けて奏上することをお勧めします。最後の無上霊宝神道加持《むじょうれいほうしんとうかじ》まで唱えてください。

この最後の言葉は吉田神道で使われてきたもので、天地の真理を知り、神々の守護と祝福を受けとりますという意味の締めの言霊となります。

六根清浄大祓《ろっこんしょうじょうおおはらえ》

天照大御神《あまてらすおほみかみ》の宣《のりたま》はく。人《ひと》は　天下《あめがした》の神物《かみみたまもの》なり。すべからく天下《あまがした》静《しず》かにして
平《たい》らかならんと努《つとむ》るべし。心《こころ》は即《すなわ》ち　神明《しんめい》の本主《みなもと》たり。
心神《わがたましひ》を　傷《いた》ましむることなかれ。
是《こ》の故《ゆえ》に、　目《め》に諸々《もろもろ》の不浄《ふじょう》を見て　心《こころ》に諸々《もろもろ》の不浄《ふじょう》を見ず。
耳《みみ》に諸々《もろもろ》の不浄《ふじょう》を聞《き》きて　心《こころ》に諸々《もろもろ》の不浄《ふじょう》を聞《き》かず
鼻《はな》に諸々《もろもろ》の不浄《ふじょう》を嗅《か》ぎて　心《こころ》に諸々《もろもろ》の不浄《ふじょう》を嗅《か》がず。
口《くち》に諸々《もろもろ》の不浄《ふじょう》を言《い》ひて　心《こころ》に諸々《もろもろ》の不浄《ふじょう》を言《い》はず。

身《み》に諸々《もろもろ》の不浄《ふじょう》を触《ふ》れて　心《こころ》に諸々《もろもろ》の不浄《ふじょう》を触《ふ》れず。
意《こころ》に諸々《もろもろ》の不浄《ふじょう》を思《おも》ひて中心《なかこころ》に諸々《もろもろ》の不浄《ふじょう》を想《おも》はず。
是《こ》の時《とき》に清《きよ》く潔《いさぎ》よきことあり。
諸々《もろもろ》の法《のり》は　影《かげ》と像《かたち》の如《ごと》し。清《きよ》く潔《いさぎ》よければ　仮《かり》にも穢《け》がるること無《な》し。
説《こと》を取《と》らば得《う》べからず。皆花《みなはな》（因）よりぞ　木《こ》の実《み》（業）とは生《な》る。

我《わ》が身《み》はすなわち六根清　浄《ろっこんしょうじょう》なり。
六根清　浄《ろっこんしょうじょう》なるがゆえに　身体健《しんたいすこ》やかなり。
身体《しんたい》健やかなるがゆえに　天地《あめつち》の神仏《しんぶつ》と同根《どうこん》なり。
天地《あめつち》の神仏《しんぶつ》と同根《どうこん》なるが故《ゆえ》に　万物《よろず》の霊《みたま》と同体《どうたい》なり。
万物《よろず》の霊《みたま》と同体《どうたい》なるが故《ゆえ》に　願《ねが》うところのこと、
成《な》り就《ととの》わずと云《い》うこと無《な》し。
極《きわ》めて汚《きたな》きも滞《たま》りなければ　汚《きたな》きものはあらじ。
内外《うちと》の玉垣《たまがき》　清《きよ》く浄《きよ》しと申《まう》す。

三種御神言御祓《さんしゅごしんごんおんはらへ》

トホカミエミタメ
祓《はら》い給《たま》ひ　清目出給《きよめでたま》う

無上霊法神道加持

天之数歌《あめのかずうた》　古瑠部神詞《ふるへのかむこと》　最強の癒しの祝詞

子供のころに「ひ～ふ～みぃ～」と数を数えたことがきっとあると思います。
実はこの数歌にも、深遠な意味が隠れていることを知っていますか。

このひふみの1から10の数霊が表しているのは、「先代旧事本紀《せんだいくじほんぎ》」「天孫本紀」に登場する十種の宝物。
饒速日命《にぎはやひのみこと》が天から降りていらっしゃる時に、天神御祖《あまつかみみおや》つまり天照大御神から授かった十種神宝《とくさのかんだから》のことです。

そして、この数歌は古瑠部神詞《ふるへのかむこと》とも呼ばれ、強烈な浄化と癒しの力を備えています。これを唱えることで死者が蘇ったという話が日本書紀にもいくつか記録されていて、雄略天皇の御代に戦死した者を神官がこの祝詞で蘇えらせたということです。

十種類の宝物とは一種の剣、二種の鏡、三種の玉、四種の比礼で、比礼《ひれ》とは女性が肩にかける霊力のある布のことです。三種の神器と同じ鏡、剣、玉に、布がプラスされていますね。1＋2＋3＋4で、ひふみよで10種です。

- 沖津鏡（おきつかがみ）
- 辺津鏡（へつかがみ）
- 八握剣（やつかのつるぎ）
- 生玉（いくたま）
- 死返玉（まかるかへしのたま）
- 足玉（たるたま）
- 道返玉（ちかへしのたま）

● 蛇比礼（おろちのひれ）
● 蜂比礼（はちのひれ）
● 品物之比礼（くさぐさのもののひれ）

このそれぞれが、強力な霊力を持つご神宝です。
ひふみよいむなやことの一文字一文字には深い意味があり、一から十までの間に天地の理《ことわり》がすべて含まれています。

ひ　存在の本質である霊《ひ》、火、日
ふ　風　見えないものから見えるものへの生成
み　霊の実態　実　身　水
よ　世に満ちる天地の生成　土
い　出づる　いのちの本源が生まれる
む　産び　燃える　むすばれるいのち
な　成る　成長する

や　弥栄　繁栄
こ　固　凝り固まり形となる
と　止まる　完成

はじめの「ひ」と終わりの「と」で、ひと、人となるのです。
これらのことをふまえて、天之数歌を唱えてください。

天之数歌（古瑠部《ふるへ》神詞《のかむこと》）

一二三四《ひとふたみよ》　五六七八《いつむゆななや》　九十《ここのたり》
百千萬《ももちよろず》
古瑠部《ふるへ》　由良由良止《ゆらゆらと》　古瑠部《ふるへ》

ふるへは「清音」で唱えてください。
病気や体調の悪い時、行き詰まった時に唱えるとよいでしょう。

自分自身の統合のために、次の簡単なバージョンを唱えるのもＯＫです。

ひふみよいむなやこと

◆ひふみ祝詞

四十七文字がすべて重ならずに使われている祝詞です。いろは歌と同じですね。奈良の石上神宮で毎朝唱えられています。もちろん、ひふみの深い波動が響いています。

この祝詞は唱えるだけで、魔法が起きるような不思議な感覚があります。神秘の扉が開く感じです。

この祝詞はあまり意味を考えず、一音一音を、心を込めて奏上しましょう。音一つひとつに、神が宿っているのですから。

別次元に意識がひろがります。

ひふみ　よいむなや　こともちろらね
しきる　ゆゐつわぬ　そをたはくめか
うおえ　にさりへて　のますあせゑほ　れ〜け〜

私はこの祝詞をとなえる時は、3回繰り返しています。

◆三種太祓（みくさのおおはらえ）

最後は、吉田神道の秘儀とされてきた三種太祓です。
私の古神道の師が「神道のお題目のように毎日唱えるといい。そうすると、勝手に自然に開運してくる」と伝えている祝詞です。
文字通り、三種類の天地人の三種類の言霊からなっています。

天津祓　吐普加身依身多女　とほかみゑみため
国津祓　寒言神尊利魂陀見　かんごんしんそんりこんだけん
蒼生祓　波羅伊玉意喜餘目出玉登　はらひたまひきよめてたまふ

の三種で、天津祓ひで天の気をおろし、国津祓ひで八方すべての方位を祓ひ、最後に、私たちも祓ひ、恩恵のすべてが降り注ぐという意味です。

蒼生祓は、あおひとくさのはらひと読み、一般の人々を表します。

とほかみゑみためには、多重の意味が含まれています。

遠き神よ微笑んでくださいあるいは恵みを与えてくださいと言った意味にも解釈できます。御祖の大神であるご先祖様にもつながる言霊です。

また八文字それぞれが宮中の八神を表すとも、陰陽や五行のエネルギーにも対応しているとされます。とほかみゑみためだけを何度も唱える宗派もあります。

以下を毎朝唱えて、天の気を十分に感じてください。

三種太祓（みくさのおおはらえ）

とほかみゑみため
かんごんしんそんりこんだけん
はらひたまひ　きよめてたまふ

◆龍神祝詞

龍神とつながる時の祝詞です。210ページにご紹介しています。

第8章

自分で
神様に
つながってみよう

神様につながってみましょう！

神様とつながろうと思う時、まず神道博士で祝詞の大家でいらっしゃる三橋健先生の言葉をいつも思い出します。先生はニコニコしながらこうおっしゃいました。

「子供たちが砂浜であつまって砂山を作って、てっぺんに小さな枝を建てるでしょう。そして、子供たちが、神様どうぞきてくださいってお願いしたら、神様は必ずきてくださるんですよ」

私たちの中には天御中主の炎が燃えているから、神々に来てくださいと伝えたら、絶対に来てくださるのです。

あともう一つ、こうもおっしゃいました。

「神々はエネルギー体でお体をお持ちではありません。ですから、私たちのお手伝いを必要とされています」

目に見えない存在と目に見える世界の私たちは、お互いに協働創造しています。

だから、つながる方法もすごくシンプルで、「こんなに簡単でいいの？」と逆に思われるかもしれません。まして今、統合の時代を迎えて、次元間の境目がどんどん取り払われているから余計楽なのです。

でも、つながるのは簡単なのですけれど、実際につながれているってご自身で実感するには「信頼」「安心」といったキーワードが必要になるので、少し準備がいるかもしれません。

さあ、砂場の子供たちのように、無邪気につながってみましょう！

神々とのつながり方

古代レムリアから、神々を降ろしたり召喚したりする儀式があります。

神道には降神と昇神の決まったやり方があります。

地鎮祭などのご神事の中で、警蹕《けいひつ》という神主さんたちが「うぉ～」という声をあげて神様を依代に降ろしたり、儀式のあとでお帰りいただく場面をご覧になった方もいるかもしれません。

儀式は場のエネルギーを整え、自分自身の内面を清らかに整える強力な装置です。

神道では潔斎といって、ご神事の前の一定の期間、水ごりなどの禊ぎ、食事の制限や断食、禁欲などを行なって、神々との交感に備えます。

準備の期間を通して、意識を集中し、自分自身をクリアにしていくのです。

ですから、儀式を行い、神様とつながるのは、完璧に有効な方法なのですが、そうしないとつながれないんだと思わないでください。

このように、正式の方法はありますけれど、神様とつながることはご自身と世界を信じて真摯に行うなら、誰でもできます。

ただ、神様とつながれたことを実感して、神々とのコミュニケーションをリアルに感じるためには、私たちの波動を陰陽統合の意識状態に整えておく必要があります。

明確なコミュニケーションは、ラジオのチャンネルを合わせるように周波数を近づければ近づけるほど、とれるようになります。

神様のエネルギーと実際に気線というエネルギーラインでつながったとしても、自分自身を疑う気持ちがあれば、気のせいやただの想像力だと思ってしまうからです。

神様とつながるには、やはり神社や神様がお祀りされている場所、祠や磐座などが、つながりやすいです。

でも、砂浜でも自宅でもどこでも、**来てくださいとお願いすれば神様のエネルギーとつながり、メッセージを受け取ったり、質問の答えをもらえたりします。**

神様のエネルギーとつながる方法は、神社でも自宅でも変わりません。

そして、ご自身にご縁が深い神様とつながったら、その関係性を大切にしていきましょう。

神様との関係性は、やさしい親と子のようだとたとえる方もいらっしゃいますし、人智を超えた叡智をそなえたご近所の長老のようだとたとえる方もいらっしゃいます。

慈愛に満ちた親はどんなに子供がやんちゃでも、しょうがないね〜と言いながら、決して見捨てることなくサポートをしてくれますね。

基本的に大切で大好きな人との関係のように、相手を尊重して、いつも、たくさん会いに行けば、神様との絆も太く強くなっていきます。

参拝の方法

神様カードを作った時は、実際に肌でその波動をリアルに感じるために、神々がお祀りされている神社を参拝しました。出雲、九州、奈良、京都、都内などを巡ったのですが、それぞれの神々の波動の違いも感じられ興味深い旅でした。

まずは、本殿や拝殿にお参りをして、**感謝と意図をお願いします。**

それから、境内の中で自分が静かにメッセージを受け取りやすい場所を見つけました。大きな神社は参拝の人も多く、場所決めが難しい所もありましたが、不思議と人祓いが起きて、急に誰もいなくなって静かになったり、脇の池のそばに気持ちがいいスポットがあったり、直感と五感を開くと、気持ちがいい場所が見つかります。

すでに神様が参拝させていただく前から意図を汲んでくださっているのかなと思いま

した。
そこで、座って目を閉じて呼吸をととのえて、神様のエネルギーとつながり、神様カードのメッセージを受け取りました。

ご神名を唱えると、よりつながりやすくなります。

エネルギーの強い神様は、およびする前から、エネルギーを感じられます。

一番顕著だったのが、タケミカヅチの神様で、豪放磊落《ごうほうらいらく》な力強い波動がどーんと入ってきた感じでした。でも神々のエネルギーはかなり精妙なので、つながることを意図して呼吸をはじめてから、少し時間がかかる場合もあります。

あくまでも感覚ですが、神様の波動と共鳴した感じがくると、流れるようにメッセージの言葉が降りてきます。

慣れないうちは自問自答している感じですが、そのうち、自分では考えつかないような言霊が降りてくるので、ぜひトライしてみてください。

これからは80億総シャーマンの時代です。

どこにいてもつながれます！

神社や聖地でなくても、神様や目に見えない存在たちとつながるプロセスは同じです。ご自分がいつも瞑想する場所なら、すでにエネルギーが出来上がっているので、つながりやすいと思います。

場所を決めたらゆっくりと目をとじて、肺全部をつかって呼吸をしたあと、心身を鎮めて神々とつながります。

祓ひの章（第6章）でご紹介した、息吹や印を使うとよいでしょう。

催眠療法では、過去生や別の次元に行く時、ゆっくりと深い呼吸を繰り返しながら、体をリラックスさせていきます。体がリラックスしはじめると脳波がゆっくりと下がり始めるのです。

普段の脳波はβ波ですが、心身がくつろぎ始めるとα波、そしてもっと眠くなるほどリラックスするとθ波になっていきます。

神様とつながる時は、α波とθ波の間ぐらいに脳波を下げた状態が一番コミュニケーションがとれます。

これは龍や龍神を呼ぶ時にも同じ。普通はこの脳波になると寝てしまい無意識になるのですが、**意識を保ったまま意識的な呼吸を続けていると、神秘の扉が開きます。**

夢うつつの状態、半眠半覚の状態を誰しも体験したことがあると思います。

その状態を意識的につくるのがコツ。その状態こそ、意識の三階建てがすっきりとつながって、目に見えない次元と見えているこの次元の間の扉が開きます。

変性意識とよばれる領域です。

脳波をどんどん下げていくと、肉体の五感を超える情報が入ってきます。

アカシックレコードにアクセスする時もこの方法を使います。

瞑想して存在たちとつながる時は、イメージングを使うとやりやすいです。

視覚化が苦手で全然できないという方がよくいらっしゃいます。

でも魂の五感はイマジネーションです。視覚化と言いますけれど、はっきりとイメージを見る必要はありません。「私、全然見えないのです」とおっしゃりながら、クリアな情報を受け取っている方にもたくさん出会いました。

なんとなく音を感じる人、まったく何も見えないけれど、わかるという感覚で情報を受け取れる人などさまざまです。

人は、五感、そのうち特に「視覚」にたくさん依存しています。

ですから、はっきり見えないと自分がちゃんとつながれていると思えないのですが、それぞれ得意の情報通路があることを知っていてください。

神様に降りてきていただく方法

ミニ練習をしてみます。

今ご自分が住んでいる家や部屋の玄関のドアをイメージしてみましょう。

どんな感じで見えますか?

はっきりと見える方は**視覚タイプ**、はっきりは見えないけれど、感じる、なんとなくわかるタイプの方は**感覚タイプ**です。

あなたはどちらのタイプですか？　ミックスしているのが普通ですが、より得意な方があるはずです。

では、ドアの情報が来ている位置は、目の前のあたりでしょうか？　すこし頭の上のほうにある感じでしょうか？

ドアを感じた、あるいは見えた場所が、あなたがさまざまな情報を受け取れる所だと思ってください。自分が視覚派か感覚派かわかっていると情報が来ているかどうかという不安がなくなります。

それでは代表的なイメージ瞑想をご紹介します
私が講座でよく使う方法で、自分自身の聖地の中に、神社や依代を作って、そこに神様に降りてきていただく方法です。簡単バージョンですが、できるだけ五感を開いて、ご自分の感覚で豊かに感じながら行なってください。
いつでも同じ瞑想を行うなら、脳の中にしっかりと新しい回路ができます。慣れてくるとつながろうと意図しただけで、一瞬で自分だけの聖地につながれるようになります。聖地スイッチを作れば、瞬間移動できます。

この瞑想をご紹介するにあたって、古神道の息吹よりもさらに古い、レムリアやアトランティスの時代から伝わっている、松果体を活性化する呼吸法をお伝えします。

まず、**「四つの花びら呼吸」**という名前の呼吸法を行なってから、息吹永世の呼吸法に切り替えていきます。

松果体は魂の座と呼ばれる脳の中心にある場所で、小さな小さな松ぼっくりの形をしています。

第三の目が開くと、エネルギーや見えない次元が見えはじめ、隣の次元との交流もしやすくなります。**そこを活性化することで、第三の目が開くと言われる場所です。**

この呼吸法が大変効果があるので、この呼吸法を5サイクルほど行なってから、聖地とつながる瞑想を行なってください。

◆四つの花びら呼吸

神様とつながるための呼吸法と聖地の瞑想

肺全部を使った完全呼吸を使います。鼻から吸って鼻から吐いてください。

- イメージを使って、喉のチャクラから松果体へと息を吸います。
- 松果体から、第三の目（おでこ）を通して息を吐きます。
- 第三の目から、キラキラした生命エネルギーを松果体に吸い込みます。
- 頭頂のチャクラを通して息を吐きます。
- 頭頂から、純粋な生命エネルギーを松果体に吸っておろします。
- 松果体から、神の口（後頭部の頭蓋骨と頸椎が出会うあたり）を通して吐きます。
- 神の口から、キラキラした純粋な気を松果体まで吸い込みます。
- 喉のチャクラを通して吐きます。

呼吸をしていると、頭の中心が光り輝きはじめます。

これを5サイクル繰り返しましょう。

それでは、呼吸に意識を向けてください。

肺全部を使って、腹式呼吸をしてください。鼻から吸って、口から細く長く吐き出す息吹永世の呼吸を数回くりかえしましょう。

全身から丹田に向かって、純粋な気を吸い込んで、吐く息とともに不要なものをすべて体の外へと解放します。

体がどんどんリラックスしていきますが、意識はますますクリアです。

吸う息と吐く息とが切り替わるポイントを意識しながら、深くゆっくりと呼吸を続けます。

それでは、鼻・鼻呼吸に切り替えて、さらに純粋なご神気を全身から吸い込んで、ゆっくりと神聖なご神気で体を満たしていきます。

すばらしい森の中の道をゆっくりと歩いているのを感じてください。

呼吸とともに五感がどんどん開いていきます。風を感じましょう。

どんな色がありますか。どんな香りがしますか。

自然の奏でる音に耳を傾けましょう。

道はなだらかな登り坂になっていきます。

しばらく進むと、あなたの聖地に入る門《ゲイト》（鳥居）があります。

どのような門でしょう。


門をくぐり抜けてください。気が一瞬で変わります。

あなただけの聖地の神聖なエネルギーを呼吸しましょう。

左側に山の清らかな水が沸いています。泉の水で手や顔を洗い、小高い丘の上のあなたの聖地の中心に向かって、ゆっくりと登っていきましょう。


聖地の中心に立ってください。

その中心に立って、地球の中心からエネルギーを吸い上げ、ハートから頭頂のチャクラを通して、吐く息とともに天の中心に送ります。

天の中心から吸う息とともに、天の軽やかな光のエネルギーをハートにおろし、吐く息とともに大地の中心に向かって送ります。

この天と地をつなぐ呼吸を、あなたの内側に輝く光の柱が立ち上がるまで続けてください。

あなたの内側に魂と肉体が自由に交流し、あなたは天と地をつなぐのです。

天地の二つのエネルギーバランスがとれていると感じる場所に、実際に片手、または両手を置いてください。少し力をいれて、体のほうでその感覚を覚えましょう。

日常でも、この場所に手を重ね、深くゆっくりとした呼吸に意識を向けると、あなたはすぐこのバランスと統合のエネルギーに満たされます。この聖地の中心ポイントとつながるスイッチを作るのです。


それでは、あなたの前に、祠か大樹、または大きな岩をイメージしましょう。

あなたがお呼びする神様のエネルギーは、そこに降りてきて、あなたとつながってくださいます。

その祠か依代の前に立って、深呼吸をします。

日本の神様でしたら、イメージで二礼二拍手。

そこに「○○の神様、どうぞこちらに降りてきてください」と心の中で唱えましょう。

口に出して唱えてもよいですし、イメージでお呼びしたい神様のエネルギーが降りてきて、つながってくださる感覚を感じます。

あとは、自由にメッセージを受け取るか、質問をして答えを待ちます。

自由に交流してください。

コミュニケーションが完了したら、心からの感謝を伝えて、「どうぞお帰りください」と伝えます。

二拍手二拝のあと、もと来た道を自分の今の肉体がある場所へともどってきます。

自分の今の体を意識して、手や足を少し動かしましょう。

ゆっくりと深い呼吸をしながら、準備ができたら目を開けます。

メッセージを受け取ったら？

意識状態が異なっている時に受け取ったメッセージは、すぐに記録しておきましょう。扉が閉まると、思い出せなくなります。

神様とつながることに慣れてくると、スイッチをつくった場所に手をおいて、深い呼吸を3回程すれば長いプロセスを経ずとも、祠の前に意識を移動させることができます。

はじめは、自問自答のように感じるかもしれませんが、体験を重ねると、実感できるようになりますし、思いもかけないメッセージや答えを得られるようになります。


まずは、必ずつながってくださると確信してしまうことがコツです。

そのうち、実体験がついてきます。神様とのコネクションをリアルに実感できるようになるまで、どんどん祓って、祓ってください。

そして、神様との交流をぜひ楽しんでください！

夢の次元で交流しましょう

もう一つ、神々と交流するのによい時空は夢の次元です。でも自分という意識がはっきりあるので、明晰夢《めいせきむ》というものに近い状態です。

脳波が下がると神秘の扉が開くと申し上げました。

実際に脳波が下がるのは、夜眠る時です。呼吸法をしたり、瞑想をしなくても必ず脳波はあの神秘の扉のところまで下がっていくからです。

夜眠りに落ちる時と、朝目覚める時の必ず2回、夜中に目が覚めたら4回以上神秘の扉の前を行ったり来たりしています。


夜寝る前、眠りにつく直前にお布団の中で、神様たちに祈りましょう。

私の夢の次元にどうぞおいでください。夢の中で私に必要なメッセージをくださいという感じです。


アインシュタインをはじめ多くの先人たちは、夢からインスピレーションを受けていました。神々と個人的につながるというよりは、自分の内なる神を通して宇宙の叡智とつながることも可能です。

疑問に思っていることを寝る前に意識して、「答えを夢の中で教えてください」と意図して、眠ってみましょう。

普段夢を見ない、覚えていないという方も、まず自分の夢に興味を持って意識を向けてください。そして、ちょっとでも夢を見たら、それを書き留めておきます。

夢の次元の扉が開くのを感じることでしょう。

スマホがない時は、夜中に夢ノートを書くなどしましたが、目がさめてしまうし、長い夢を書くのは大変でした。でも現代は、スマホの声で入力する機能を使って、キーワードだけでもメモっておくと、そのキーワードが、自分が見た夢の世界へつながる糸となります。

第9章

龍神様や
龍のエネルギーと
つながる方法

龍は流！　動くエネルギーが龍神様の核です。

ですから、神々の得意分野は、ヒーリングやご縁結びなど、「ご利益」という形で表現されることも多いのですが、**龍神はともかくエネルギーを動かしていく大元のパワーそのものです。**

そういう意味で、本来の、天候や風雨、水を司るといった力に加えて、開運とか運気を上げる、成功をもたらすといった側面が注目されます。

自然の中や龍神様がお祀りされている場所でつながる

龍神様につながる方法も、先にのべた神々とつながる方法と同じです。

龍神は波動も強く、土地やその場の水のエネルギーを司っているので、お祀りされている神社や祠に実際に体を運んで気線をつなぐのが良い方法です。

もちろん、神社が建てられる前は、岩や川、滝そのものが依代でした。

龍穴とよばれる場所もあります。

大自然の中、特に水辺は龍のエネルギーとつながるには最適な場所です。

龍のエネルギーの代表的な神社は、第2章でご紹介しましたが、日本は龍の国。きっとご近所にも龍神様スポットがあると思います。

龍神様につながるのも、神様につながる時と同じで、本殿や拝殿の前にこだわらず、境内の自分が気持ちのいいスポットを見つけてみましょう。

私たちには、気の流れ、中医学でいう経絡があります。先述したように、14万4000個の魂細胞は肉体に宿る時、胸腺から入って、均等に体に散らばります。魂細胞は、もちろんエネルギーなので、物理的には観察できませんが、ツボといわれる場所に存在しています。ツボとツボを結ぶ気脈が経絡です。

そのツボの中に「気海」というツボがあります。

読んで字のごとし、気の海です。気海丹田ともよばれ、下丹田に当たる場所。

おへそから指3本下の体の真ん中のあたりに位置していて、私たちの内なる龍のすみかです。

私は、龍神様を降神したら、自分の気海丹田に龍神の振動を感じるようにします。

私の龍とお呼びした龍神様が気線でつながって共鳴共振する感覚です。

龍神様とつながれたと感じたら、どんどん話しかけて、仲良しになってください。

龍神様も時空を超えた隣の次元に属していらっしゃるので、物理的エネルギーとして四六時中すぐそばにいてくださらなくても大丈夫です。

私たちも、LINEやメッセンジャーを使ってお友達になれば、お互いにいつでも話もできるし、メッセージも送り合えますね。そんなふうに、気脈のラインでつながっていれば、必要な時に瞬時に飛んできてくださいます。

最大限のリスペクトを持って、神々との交流を楽しんでくださいね。

龍神様を降神したら
気海丹田に
龍神の振動を感じる

祝詞と印でつながりを強める！

龍神様のエネルギーとつながる祝詞で唱えられているのは「龍神祝詞」と「天地悠久の龍神祝詞」です。この二つの祝詞は神道の祝詞集には掲載されていないので、比較的新しいものでしょう。

まず龍神祝詞からご紹介します。

第2章でもご紹介した琵琶湖の竹生島は、龍のエネルギーを感じることができるパワフルな場所です。

龍神様も弁天様も水の神様なので、同じ場所でお祀りされていることも多く、九頭龍弁天様や宇賀神様のように二つのエネルギーが統合されている神様もいらっしゃいます。

余談になりますが、弁財天は湖や池の中に橋を渡してお祀りされていることが本当に多いです。私にはこの形態が、もっともアトランティスの神殿を思いださせてくれます。

円形の水に囲まれた円形の神殿。水に囲まれた弁天様にお参りする時は、皆が数々の多

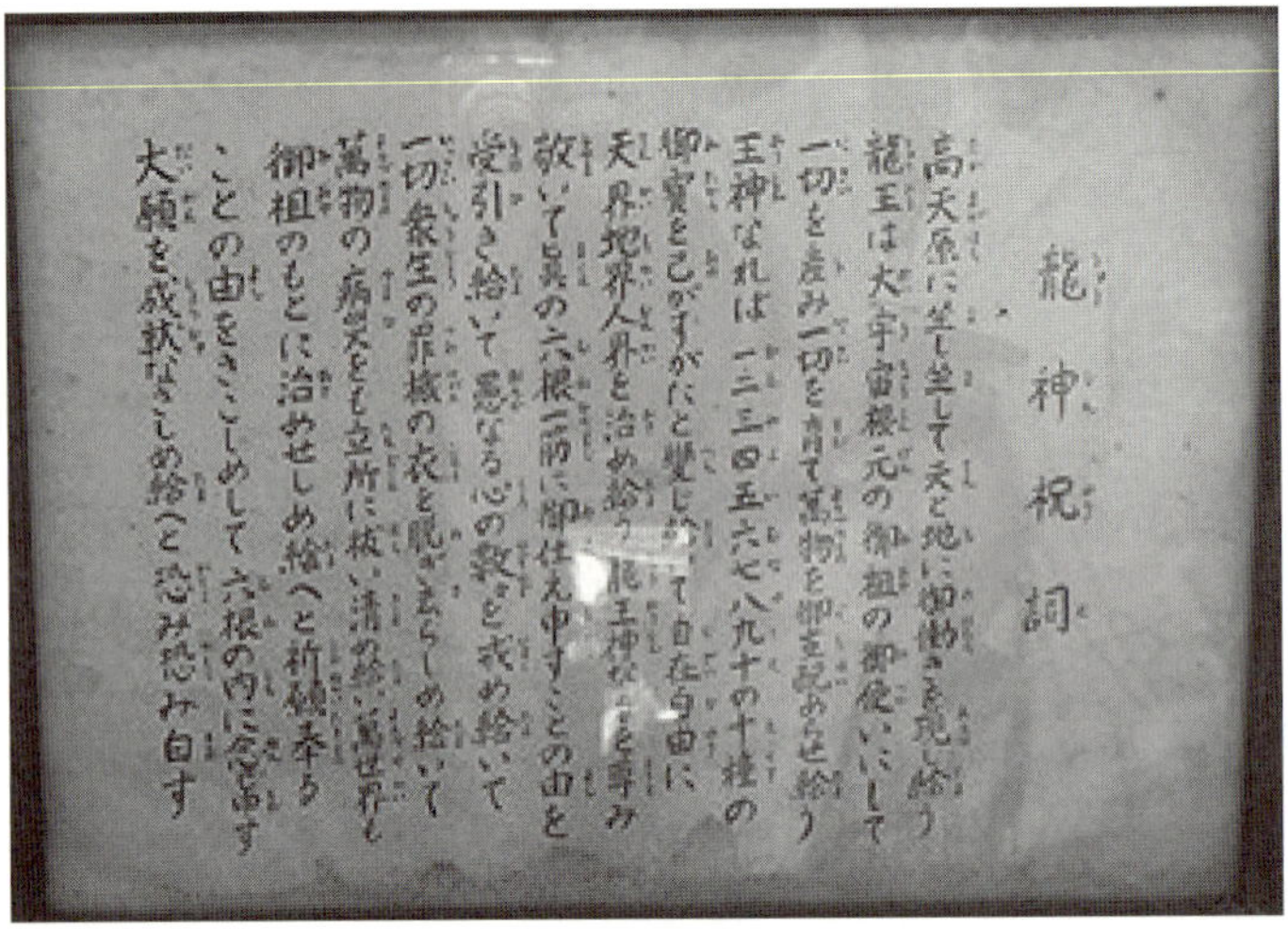
龍神祝詞
高天原に坐し坐して天と地に御働きを現し給う
龍王は大宇宙根元の御祖の御使いにして
一切を産み一切を育て萬物を御支配あらせ給う
王神なれば 一二三四五六七八九十の十種の
御寶を己がすがたと變じ給いて自在自由に
天界地界人界を治め給う龍王神なるを尊み
敬いて眞の六根一筋に御仕え申すことの由を
受引き給いて愚なる心の数々を戒め給いて
一切衆生の罪穢の衣を脱ぎさらしめ給いて
萬物の病災をも立所に祓い清め給い萬世界も
御祖のもとに治めせしめ給へと祈願奉る
ことの由をきこしめして六根の内に念じ申す
大願を成就なさしめ給へと恐み恐み白す

次元的な能力を駆使していたアトランティスのエネルギーともつながってみてくださいね。

　さて、お話を本筋にもどしますが、その龍をお祀りしている竹生島神社には龍神祝詞の額がかかげられています。

　龍神祝詞の起源ははっきりしませんが、竹生島で降ろされたという説もある祝詞には、龍神のパワーがよく表されています。

龍神祝詞

高天原《たかまがはら》に坐《ま》し坐して
天と地に御働《みはたらき》きを現わし給《たま》う龍王は
大宇宙根元の御祖《みおや》の御使《みつか》いにして

一切を産み一切を育て
萬物《よろずのもの》をご支配あらせ給う王神《おうじん》なれば
一二三四五六七八九十《ひふみよいむなやこと》の十種《とくさ》の御寶《みたから》を己《おの》がすがたと変じ給いて
自在自由に　天界地界人界を治め給う
龍王神《りゅうおうじん》なるを　尊《たっと》み敬《うやま》いて
眞《まこと》の六根《むね》一筋《ひとすじ》に
御仕《みつか》え申すことの由《よし》を　受引《うけひ》き給いて
愚かなる心の数々を戒《いま》しめ給いて
一切衆生《いっさいしゅじょう》の罪穢《つみけが》れの衣《ころも》を　脱ぎ去らしめ給いて
萬物の病災《やまいわざわい》をも　立所《たちどころ》に祓ひ清め給い
萬世界も　御祖のもとに治めせしめ給へと
こいねがい奉《たてまつ》ることの由を聞こしめして
六根《むね》の内に念じ申す大願《たいがん》を　成就成《じょうじゅな》さしめ給へと
かしこみかしこみ白《まう》す

この祝詞を唱える時には、「一二三四五六七八九十《ひふみよいむなやこと》」の部分は十種の神宝を表しているので、天之数歌の時のように、一音一音のばして、ゆっくりと唱えましょう。

流れを起こし、変化を起こす龍のエネルギーは、現実化を意図する時に最高の力を発揮します。

これは祝詞の形に作られているわかりやすい祝詞です。

天地悠久の龍神祝詞

天《あま》つ神　地《くに》つ神
高天原《たかまのはら》に坐《ま》す
皇御祖《すめみおや》の大神《おおみかみ》たち
天地《あめつち》の守護神たち
ことむけやわし給《たま》ひ
宇宙を悠久《とこしへ》に護《まも》り給う

龍神様の大神《おおみかみ》たち
すべての生けるものに
いのちの力と導きを与え給《たま》え
今ここに祈りし者に
清き光をお授け給《たま》え
誠《まこと》の心をもって
龍神様の御加護を賜《たま》わんことを
慎《つつし》みて申し上げ奉《たてまつ》る
かしこみかしこみ白《まう》す

龍神様の神社にお参りする時、また龍神瞑想をする前、現実化の意図を宇宙に放つ時、龍神祝詞を唱えます。

また、龍蛇神と呼ばれるように、古代から、蛇体と体は同一視されてきました。

ナーガの印

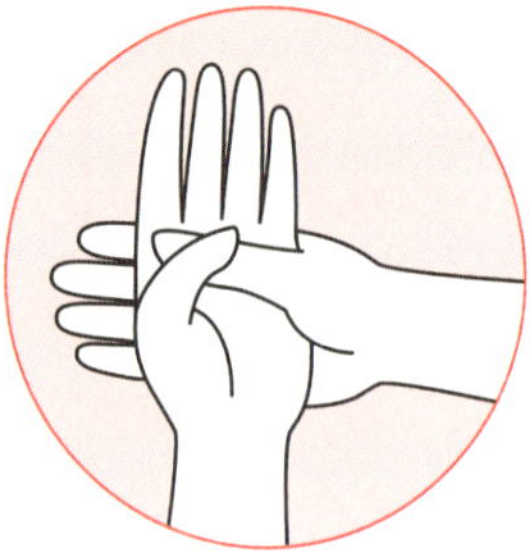

オーストラリア大陸のレインボウサーペントは、龍神のお仲間だと思っています。

インド神話には、ナーガと呼ばれる蛇、あるいは龍の神がいます。ヒンズー教が生まれるずっと前から、生命力を象徴し、水や天気を自由に治める強烈な力を持つ神とされてきました。

また、お釈迦様が悟りを開いた時に守護したとされ、のちに竜王として、仏教でも大切にされるようになりました。

この周波数を呼び覚ます「ナーガの印」があります。とてもシンプルです。

龍神様とつながる時、自分のうちなる龍のエネルギーを活性化する時、ナーガの印を組んでみましょう。

自分のエネルギーが強く反応する方法を実践してみてくださいね。

龍神様のシンボルやお守りでつながる

我が家には、龍の形をしたいろいろなグッズがあります。大切な人からいただいた龍のパネルや伊勢神宮のお守り、中国洛陽の龍門石窟で出会った龍をかたどったペンダントなどです。

大切なもの、聖なるものを置いてあるコーナーがいくつかあって、そこに飾ってあるのですが、日々生活する中で、しょっ中目に入ってきます。その度に、龍神エネルギーを感じ、つながりを意識化して深めている感覚です。

龍神様がお祀りされているところで出会うお守りやお札などもありますね。

神社のお札やお守りは、そのものに御神体の波動が入っているので、龍神の波動とつながりやすいです。

お守りを手に持ったり、シンボルを眺めながら、龍神の波動を感じて気線をつなぎましょう。

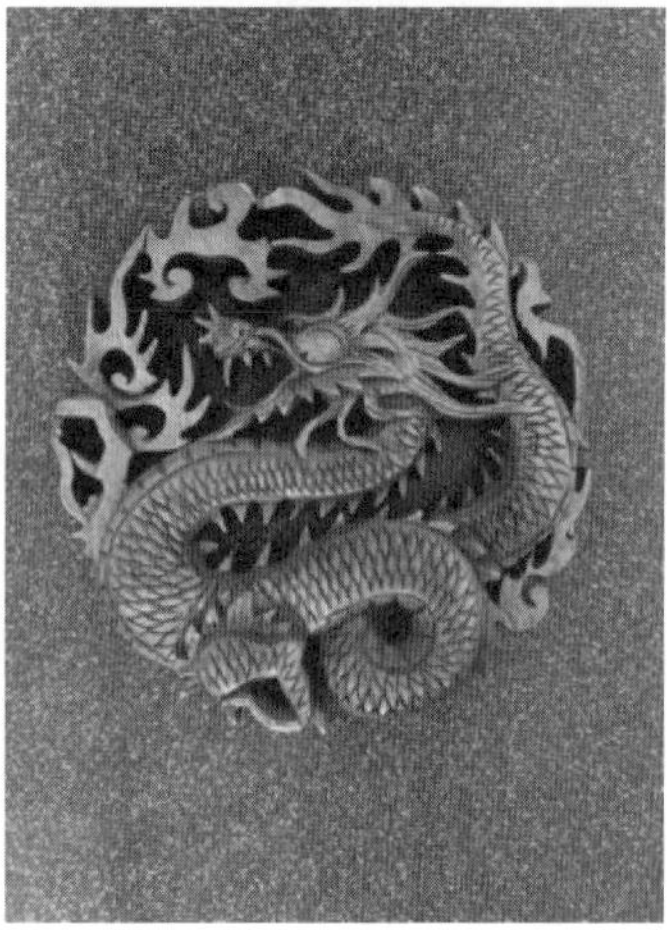

我が家の龍神グッズたち

瞑想で内なる龍とつながる

それではご自分の龍のエネルギーとつながってみましょう。

誘導瞑想の文になります。

ご自分でイメージしてもいいですし、ご自身の声で録音して、瞑想してみましょう。

あるいはお友達と誘導しあってもいいですね。

龍の背中に乗ったら

第2章で、白龍さんと将来お仕事をするようになると思っているとお伝えしました。

あの体験のあと、あそこまでリアルな白龍さんとのコンタクトがなかったせいもあって、そのうちとか未来にという思いが強く、白龍のエネルギーをあまり意識することはありませんでした。

でもこの原稿を書きながら、実はずっと、この人生の道のりにおいて、白龍のサポートを受けてきたんだということに気がついたのです。ちょっとびっくりするような気づきでした。

それから数日後の儀式瞑想の中で、今度はきちんとあの時の白龍と改めて出会うことができました。

今回のコミュニケーションは、言葉で会話するというよりは、ヴィジョンとヴィジョンを交換する感じ。言葉を超えた交流でした。

儀式の瞑想中、私が存在を意識化できたことへの、白龍さんからのあたたかい波動を感じるとともに、その波動と共鳴しながら、意識は空へと昇っていったのです。

その時に伝わってきたのは「安心と信頼」の周波数、そして、「ヴィジョンを明確にするなら全力で応援してくれる」といった感覚でした。

心の目で見た映像は、私自身が白龍の背中に乗って、はるか向こうに輝く強烈な光の中へとまっしぐらに進んでいくものでした。自分が実際に乗って飛んでいる感覚ではなく、飛んでいく龍と自分自身を見たのです。

この瞑想中の体験が、龍のエネルギーとともに生きるための大きなヒントになりました。こんなふうに、これはまっしぐらに、ヴィジョンに向かって連れていってくれるエネルギーなんだと確信が湧いてきました。

私たちが心から望むものがあるなら、龍はそこを目指してまっすぐに流れるエネルギーです。

神格化した龍神様が、背中に乗せてくれるかどうかはわかりませんけれど、龍神様と一緒に空を飛べたら、どんなに楽しいでしょう。

無邪気に冒険心とともに、さあ、龍に乗って自由に空を翔《か》けましょう！

龍神を召喚する瞑想

この瞑想もできれば録音機器にご自分の声で録音してください。

深くてゆっくりとした呼吸を使ってリラックスしながら、あなたの聖なる場所から山頂で龍神と出会う旅が始まります。

しっくりくる、あなただけの聖地をイメージしましょう。

どこであれ、催眠療法で使うバランスのスイッチは作っておくととっても便利です。

そのうち、バランスのところに手をおいただけで、脳波は変性意識状態になってくれるでしょう。

龍瞑想１　龍神とともに空を駆ける瞑想

聖地の瞑想で使った四つの花びら呼吸（１９６ページ参照）を５サイクル行います。

呼吸に意識を向けて、息吹永世の呼吸を数回くりかえしましょう。

全身から丹田に向かって、純粋な気を吸い込んで、細く長く息を吐きながら、不要なものをすべて体の外へと解放します。

体はどんどんリラックスしていきますが、意識はますますクリアです。

吸う息と吐く息とが切り替わるポイントを意識しながら、深くゆっくりと呼吸を続けます。

それでは、鼻・鼻呼吸に切り替えて、さらに純粋なご神気を全身から吸い込んで、ゆっくりと神聖なエネルギーで体を満たしていきます。

神聖なエネルギーをもう一度深く全身から吸い込んで、ゆっくりと吐きながら、あなたの聖なる場所、あるいはとても気持ちのいい大地の上に立っている自分を感じてください。バランスのスイッチがある人は、その場所に手を置きましょう。

これから、龍神を召喚するのです。

神聖な空気を深くゆっくりと呼吸しながら、力強い大地の波動があなたを満たしていきます。

目の前に聖なる山の上へと続く道があります。その坂道を登っていきましょう。

道はだんだんと急になっていきます。今、周りが広く見渡せる山の頂きに着きました。

空は無限に広く、澄んだ空気があなたをさらにクリアにしていきます。


心はおだやかですが、深いところからワクワクした感覚が湧いてきます。

さあ、背筋を伸ばして山頂にスッと立ちます。空と大地の両方から、呼吸とともに強烈にパワフルな生命エネルギーが身体に入ってきては、全身を自由に巡るのを感じてください。

それでは、心の目も閉じて、意識を集中して……あなたをサポートしてくれる、「龍神様、どうぞ来てください」と祈ります。

信頼と安心を呼吸しましょう。

そして、感じてください。龍のエネルギーがあなたに近づいてきます。

ゆっくりと心の目をあけましょう。
どのような龍神様が来てくださいましたか。エネルギーを感じてください。
ご挨拶して、来てくださったことに感謝しましょう。

最初はお互いのつながりを深めながら、自由に交流してください。
あなたが心に思っているヴィジョンがあったら、シェアしてください。
言葉ではなく、大きな絵を見せる感じで、キーワードと気持ちを伝えます。
これからお手伝いをいただけるかどうか聞いてください。
そして、龍神様はあなたに何を望んでいるのか聞いてみましょう。

最後に、一緒に空へ連れていってくれるかどうかお願いしてみてください。
背中に乗せてくださるでしょうか。
それとも、あなたの内なる龍と一緒に飛びましょうか。
内なる龍も、どうか龍神様に紹介してあげましょう。
もし、一緒に空を飛べるなら思い切り、楽しんでください。空は無限です！

龍神様は時間のない次元から来ています。未来も見せてくれるかもしれません。

（十分に時間をとりましょう）

それでは、そろそろ聖地に戻りましょう。龍神様に心から感謝をして、またの出会いを楽しみにしながら、あなたの意識を部屋にもどします。

ゆっくりとさわやかなエネルギーを呼吸しながら、今の体験の記憶と理解を全部持って帰ってきてください。

この部屋にいる足を感じて、腰を感じて、それでは、息を吸って、吐いて、準備ができたら、目をあけましょう。

何か達成したいことがあるなら、ずっとそのプロジェクトの間も、そのあとも、一緒にいる感覚を感じながら、進めていくとよいでしょう。

私のように、関わってくれていたのに、まったく気づかないこともあるのですから。

龍を呼んで気の流れをチェックしてもらう

もう一つ、私がワークでよく使う瞑想があります。家の中の気の流れはとても大切で、気が滞ると、家族の人間関係や、健康、豊かさにも影響があります。

風水の考え方は正しくて、気が滞ったところでは、物事がスムーズに流れていきません。これは、私たちの体と同じです。気が良い家は、立っている土地の状態もありますが、中の風通しがいいことが一つの大切なポイントです。

それでは、次の瞑想をやってみましょう。

簡単ですので、自分で読んだ通りにイメージをしてください。

龍瞑想2　家の中の気の流れをチェックする瞑想

呼吸を意識してください。

ゆっくりと深い呼吸をしましょう。腹式で肺全部を使って純粋な気のエネギーを吸い込みます。

吐く息とともに、体の中にある不要なものを体の外に解放しましょう。

皮膚で呼吸するように、全身から純粋な生命エネルギーを吸い込んで、疲れや緊張を外へ吐いていきます。

しばらく呼吸を意識してください。

体はどんどんリラックスしていきますが、意識や気づきは、ますますシャープになっていきます。


それでは、あなたが今住んでいる家、または部屋をイメージしてください。

いつもくつろいでいる部屋にいる自分自身を感じてください。

周りを見渡してください。窓の位置や、家具を見てください。

イメージの中で、あなたの家の玄関の扉や、窓をあけておきます。

さあ、龍を呼びましょう。「どうぞここに来てください」と心の中で伝えます。

そして、玄関で龍を迎えます。

龍はあなたの呼びかけに答えて、あなたの家の玄関から家の中へ入ってきます。

龍はあなたの家の中を自由に移動しはじめます。

龍がどこに行くのか、見ていてください。


龍は気が流れるところには進んで飛んでいきます。

龍が入りたがらない部屋、通りたがらない場所はありませんか？


まずはどこから入っていきますか？　ゆっくり見守っていてください。

龍が入りたがらない部屋はあるでしょうか？

2階にも上がります。地下があるなら地下にも行ってもらいましょう。


龍は、すべての部屋に入っていきましたか？

ひととおり、家の中を巡ってもらったら、感謝をして、好きな場所からお帰りいただきましょう。

龍はどの出口を選ぶでしょう。

感謝とともに、お見送りしてください。


いかがでしたか。

龍が入らなかった部屋、通らなかった場所があったらチェックしてください。

家全体を見てもらったでしょうか？

龍は、気の流れそのものです。

龍の入らなかった部屋は気が滞っているのです。

気がめぐらないと、運は開きません

このワークをした時に、参加した方々からさまざまなコメントをいただきました。

どうしても龍が入っていこうとしない部屋があったという方がいました。

その部屋は、もう家を出た息子の荷物を寂しさも手伝って整理せずに、詰め込んでいた部屋だったそうです。

興味深い例をもう一つ。

その方の場合、龍がリビングに入って行ったのですが、リビングのあるコーナーには不思議と近づかなかったそうです。そこは収納家具があったのですが、中には、元彼から借りていたCDが、何年もたっているのに置いたままになっていました。

その方は、彼との思い出もあってどうしても処分仕切れなかったものだったけれど、すぐに片付けますとおっしゃっていました。

どちらも、その人の今にとって、思いが残っている不要なものです。

気がめぐらないと、運は開きません。

人の構造体、宿っている体は、三階建ての建てもののようだとたとえをお話ししました。人の身も同じです。

過去に囚われている部分は、その部分だけ、過去にいて「今」にいません。

意識が大きく広がって、すべてとのつながりを体感できるのは、「今・ここ」だけです。

開運は、祓ひ→おそうじです。

龍が行かなかったところを少しずつ、整理を始めましょう。

捨てられないものには執着があります。
まだ自分の中で完了していないエネルギーです。
気付けば祓えます。
捨てて軽くなる気持ちよさを味わったら、祝杯をあげましょう！

終章

神ながらで生きる！世界と自分を信じたもん勝ち

今、すべきこと

この本のテーマは開運です。魂魄《こんぱく》が統合されると、必ず運が開けてきます。
そして、神様たちは喜んで私たちのお手伝いをしてくださいます。
今、必要なことをまとめてみました。

- 魂魄統合を邪魔しているツミとケガレを祓って、本当の自分である直霊、内なる太陽を輝かせること。
- そのためには、多次元存在である自分をよく知ること。
- ツミケガレの原因である、裁くこと、比較することをやめること。
  特に自分自身を裁くのをやめる！
- 自分に嘘をつかず、真の気持ちをきちんと味わうこと。
- 何事も人のせいにしないで、自分で責任をとること。
- 人が言うこと為すことは、その人が自分を表現しているだけであなたとは無関係。
  相手からボールが飛んできても受け止めない！　スルーしましょう。

◉神様や精霊たちをリアルな存在とし尊重してつながること。もちろん龍神様も。

◉やさしさと寛容を持って世界と出会うこと。

◉感謝でいつも自分を満たすこと。

◉食べるもの、運動などを含めて、自分の体を大切にケアすること。

◉日々、魂魄統合のヴィジョンをクリアに持っておくこと。


結局、**開運とは、自分がのぞむ人生を、目に見える存在、見えない存在たちのたくさんのサポートを受けながら創造できる状態**ということだと思います。

単に偶然で、運良くすばらしい仕事が舞い込んできたり、のぞみどおりの家が見つかったりするのではありません。そこには、すべてがつながり合っているネットワークの中において、**葛藤のないあなたの意図が必要です。**

世界を動かしていくのは、「気」というエネルギーです。

そしてそれは邪魔をする葛藤がなければないほど、豊かな流れとなって、あなたを望みの場所まで連れて行ってくれます。

自分と世界の仕組みを理解した上で、意図を明確にして言霊を天に放てば、あなたの必要性を満たす存在たちが必然的に引き寄せられ、必要なものをもたらしてくれるでしょう。

大切なのは、本当に自分が何を創造したいのかというクリアなヴィジョンです。

気の流れがいくらあっても、流れていく先がわからなければ、何も動きません。

変容の時代、何よりも魂魄統合が必要です。

魂魄統合は神人合一《しんじんごういつ》ともいいますが、目覚めた自分がどんな感じなのかをリアルに思い描いてください。

覚醒のヴィジョンを持つのです。

想像がつくでしょうか？　目覚めた自分自身を。

難しければ、大好きな神々や覚醒している存在たちをお手本にしてしまいましょう。

これはモデリングという方法です。

ある人が、私は観音様が大好きだから、目覚めた自分は観音様みたいな感じかなと思ったら、はっきりしたイメージが湧いてきたと言っていました。

神ながらの道

ここまで読んでくださった方は、深いところのエネルギー、あなたの龍がもう動きはじめているはずです。

2006年に私に声をかけてくださった日本神界の神々、バリ島での出来事だったから、レムリアの神々だったかもしれませんが、この時代を見通して、私にインスピレーションをくださったのだと心底感じます。

その時、聞こえてきた言霊「むすび、むすぶ」の意味が今なら理解できます。

やまとことばの「むすひ—産霊」は、大元は一つの意識エネルギーが陰陽に自らを分かち、その双対する二つの流れるエネルギーからすべてが生まれ、すべてが起きているということを表しています。

いよいよ、陰陽が結ばれる時が来ています。

この「産霊」の原理にしたがって、根っこである神とつながりながら、自分に素直に自然体で生きていくことが惟神《かんながら》──神ながらの道です。

頭にある脳だけで、何が正しいのかを選ぼうとすると、異心と迷いの葛藤の道へと入り込んでしまいます。

私たちの魂、直霊は神である自分自身を知っています。

戻っていく先も知っています。

起きていることは、すべて自分の内側の映しであるととらえるなら、人生は本当の自分自身を知るための情報だらけ。うまく行っていないことがあるなら、ここでご紹介した簡単かつ素晴らしい方法（笑）を使いながら、原因を自分の内側に辿って、そこから不要なエネルギーを祓いましょう。

職場の女性の上司となぜかうまくいかないなら、それは子供の時のお母さんとのパターンを繰り返しているのかもしれません。原因が理解できれば、そしてその時の感情を解放できるなら、驚くべきことに、今の現実が変わります。保証します。

外側を変えようとしないで、内側を変えるのです。

何が起きようと、世界と自分を信じたもん勝ち。

不安やコントロールの底には、怖れのエネルギーがあります。

この世界を産み出した最高神の分御魂《わけみたま》である内なる神とつながれば、怖がっている暇なんかありません。エネルギーの無駄遣いはストップ！　としつこく申し上げます。

怖れは物理的なエネルギーなので、さっさと祓ってください。

後悔も罪悪感もエネルギーの無駄遣い。

罪悪感や後悔を持っていると、自分を罰すること、つまり**自分にとって嫌なことを引き寄せて浄化しようとしてしまいます。**

私たちも、関わった他の人たちも、その時にできることをしただけです。

本来の自分自身を生きなかった自分をまるごと許しちゃいましょう。

そして、何事も個人的に受けとめず「あ〜そうなんだ」と言いながら気にしない。

気づかない、気にならない、気にしないには、大きな違いがあります。

気づかないのが一番まずい。気づかないとそれに対して何もしないし、できないから、変われません。

気にならないのは、わかっていても反応がおきない状態。

気にしないは、わかっていて反応する自分がいても、反応しないことを選ぶ。


あっ！「あ〜そうなんだ」は書き忘れていましたが、これも最強の言霊の一つです。

なんか嫌なことを言われても、ありえないようなことを平気でするような人がいても、全部「あ〜そうなんだ」を繰り返して唱えれば、気にならなくなります。

ちなみに私は「あ〜そうなんだ教」の教祖です！（笑）

まず気づくこと。

そして気づいたら祓う。シンプルです。

念押しをします。

自分と世界を信じましょう。

神ながらの道。

自然と調和し、自分の内側から流れるエネルギーに沿って生きていきましょう。

結局、起きることは起きるし、起きないことは起きない！

私たちは魂霊体の全体で、神々や目に見えない存在たちと協働しながら、心からのヴィジョンに向かって進んでいくだけです。

過去も未来も関係ありません。

「中今《なかいま》」というすべてとつながりあっている永遠の瞬間から、「神ながら」で行きましょう。

もう門は開いています。

エピローグ

ここまで読んでくださった皆様、どうもありがとうございました！

今、どんなふうに感じていらっしゃいますか？

ご自身の仙骨のあたりに広がる気の海から、すぐにでも空を自由に飛びたい内なる龍神様のワクワクドキドキの振動が響いてくるでしょうか。


外の世界も内側の世界も、根底からひっくり返りつつある今、目に見える世界と見えない世界の境目はどんどん薄くなっています。

本文でご紹介した天河弁財天で私が体験したような物質の次元間移動が、これまでになく頻発しているのは、私の周りだけではありません。

神々も龍神様たちも、三次元のすぐお隣にいらっしゃいます。

そして、自由にこちら側との交流が始まっています。

誰もがそういった存在たちと交流することが、今までになく簡単になっているのです。

ここで、神人合一《しんじんごういつ》、魂魄一如《こんぱくいちにょ》が大開運の必要不可欠のキーだということを、最後の最後までしつこく（笑）念を押したいと思います。

魂魄の統合も、自分にそうしようと思う意図があるなら、どんどん加速していきます。

生まれつき運がいい人、悪い人がいるのではありません。

どうぞ、「自分は運が悪い」「いつになったら運が良くなるんだろう」という実にもったいない、待ちの思い込みは、ここでご紹介した方法で確実にパッパッと祓ひ落としてくださいね。

祓ひ＝開運です。

魂魄、魂と肉体を一つにするための第一歩は眉間のあたりにある心眼を活性化することです。本文でご紹介した「四つの花びら呼吸」をぜひ毎日、最低でも5サイクル実践してください。エネルギーを前よりも敏感に感じるなど、確実な変化を体感していただけると思います。

ともかく、天御中主神、天照大神と同じ「火（直霊）」があなたの中でボウボウ燃えているのを日頃から体で感じることがとても大切です。

今回、本書を書き終わった直後に、『日本最強の言霊　大祓詞《おおはらえのことば》　すべてがうまくいく！　魔法の言葉』（徳間書店）を共に執筆させていただいた渋川八幡宮の小野善一郎宮司が天へお帰りになりました。

小野宮司は心神が私たちの中に在るんだということを示される時、ご自身の胸を右手のこぶしでどーんと叩きながら、「あるんです！」とおっしゃいました。

この、大祓詞に並ぶすごい言霊「あるんです！」をまだまだたくさん聞けると思っていただけに、大変な衝撃でした。

本書を通じて、小野宮司の「あるんです！」エネルギーと大祓詞のパワーがたくさんの方々に届くといいなと心から願っています。

本当に神様は私たちの中にあるんです！

運はご自身で確実に開くことができます。

いよいよチャクラの中心も、声を発する喉のチャクラへと移ってきました。

これから、祓えば祓うほど、ますます人生は面白くなっていきます。

下丹田、中丹田、上丹田の三つをつないで、大きく開いた運の扉を、おなかの底から大笑いしながら軽やかに通り抜けて行きましょう！


最後に、私の思いを世界に発信することを可能にしてくださった徳間書店と、企画をしてくださった編集者の豊島裕三子さん、本当に、本当にありがとうございました!!

また、イラストを担当してくださった浅田恵理子さん、無理難題をわかりやすく描いてくださって心より感謝いたします。デザイナーの鳴田小夜子さん、かわいいカバーをありがとうございました。

そして、いつも私を実に忍耐強く見守ってくれているパートナー、絶大なるサポートをありがとう。私のパートナーでいることは、すごい修行だと思います。

この本を読んでくださったすべての皆様、過去から未来へ時空をまたいで、私という存在につながってくれた皆様、本当にどうもありがとうございました。

地球と多次元宇宙のすべてに、心からの感謝を送ります。

日本の神々が司る和のエネルギーの波動が、すべてに響き渡りますように。
おだやかな和の光の中で、森羅万象のすべてが過ごせるようになりますように。

大野百合子

２０２４年11月23日　葉山の潮風に吹かれて

『神社と龍神様で大開運！』発売を記念して、講演会を開催します！

講師：大野百合子

近年、神々や神社のエネルギーは大変化しています。
今まで眠っていた龍たちも起き始めて、龍神様のパワーも拡大中！
自分が高まる大好きな神社を訪れて、また龍神様とともに、
心からの願いを叶えましょう!!
本には掲載できなかった「龍神様とつながるワーク」もおこないます。
2025年を幸運の年にするスペシャルな講演会です。
この機会をお見逃しなく！　皆様の参加をお待ちしております。

開催日：2025年3月15日（土）
開場：13：30　開演：14：00　終了：16：30
※講演終了後にサイン会があります
料金：8,000円（税込み）
70名限定
会場：都内（場所は後日お知らせします）

アーカイブ動画配信　5,000円（税込み）
※同時配信ではなく、数日後の配信となります。

お申し込みは下記のアドレスにお問合せ下さい。
お問合せ：https://03auto.biz/clk/archives/bnmqbd.html

参考文献

『古神道祝詞　CDブック』（古川陽明、太玄社）
『古神道入門　神ながらの道』（小林美元、評言社）
『叡智の道』（ゲリー・ボーネル、ヒカルランド）
『アトランティスの叡智』（ゲリー・ボーネル、徳間書店）
『アカシックレコードで読み解く「光の12日間」アップデート版』（ゲリー・ボーネル、徳間書店）

大野百合子（おおの ゆりこ）

『日本の神様カード』『日本の神託カード』著者。催眠統合療法家。

心理学、精神世界などの通訳、翻訳を通して、統合療法のセラピストとなる。

神秘家で哲学博士のゲリー・ボーネル氏に師事、ボディ、マインド、スピリットの統合を目指して、古代の叡智や心身の仕組みを伝えている。また、教派神道講師の資格を持ち、古神道に伝わる神人合一の叡智を伝える「和の叡智講座」や催眠療法等のセミナーを開催している。

著書に『レムリア＆古神道の魔法で面白いほど願いはかなう！』『内なる神様とつながってセルフパワーを活性化する!』『そうだ 魔法使いになろう！ 望む豊かさを手に入れる』（吉本ばなな氏との共著、ともに徳間書店)、『日本の女神たちの言霊』（青林堂）等、訳書に『叡智の道』（ゲリー・ボーネル著、ヒカルランド)、『アカシックレコードで読み解く「光の12日間」アップデート版』（ゲリー・ボーネル著、徳間書店）など多数ある。漫画『スピリチュアルかあさん』（大野舞著、KADOKAWA／メディアファクトリー）シリーズのモデルでもある。アイユニティ主宰。

◆大野百合子公式サイト／アイユニティ　https://www.ohnoyuriko.com/
◆ブログ　https://ameblo.jp/iunityyuri/

神社と龍神様で大開運！
祈りと浄化の作法

第1刷　　2024年12月31日

著　者　　大野百合子
発行者　　小宮英行
発行所　　株式会社徳間書店
〒141-8202　東京都品川区上大崎3-1-1
目黒セントラルスクエア
電　話　編集(03)5403-4344／販売(049)293-5521
振　替　00140-0-44392

印刷・製本　株式会社広済堂ネクスト

ISBN978-4-19-865934-9

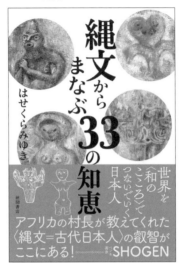

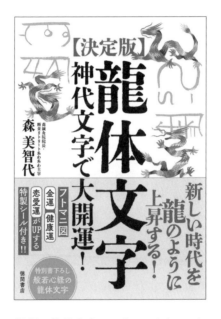